と言われる

きほんの料理

岩﨑啓子 著

ナツメ社

はじめに

料理は苦手ではないけれど、おいしい！って感動できるほどの料理ができない。毎日のおかずは手抜きをしがちで、まずくはないけれどパッとしない。そんな話をよく聞きます。

野菜炒め、ハンバーグ、焼き魚など、普段、なんとなく自己流で作っていませんか？難しい料理はレシピをしっかり見て作ると思いますが、毎日食べるごはん、なにげないおかずは、レシピなんて見なくても大丈夫、適当に作っちゃえ！と思っている方が多いようです。実はそんな基本的なおかずこそ、レシピを見ながらきちんと作れば、驚くほどおいしい料理に変身します。なにより、毎日のごはんやおかずの中には、料理のテクニックがぎっしり詰まっているのです。料理上手になる近道は「きほんの料理」をマスターすることです。

この本では、毎日の食卓に欠かせない定番の家庭料理を、ていねいに、失敗しないコツを交えながら紹介しています。知っているつもりで自己流で作っていた料理も、ぜひ初心にかえって、レシピ通りに作ってみてください。「脱自己流！」で料理の腕が上がり、そのおいしさにきっと感動するはずです。

岩﨑啓子

なんで私の料理はイマイチなの？
「また作って！」って言われる料理は、どういう料理？

\イマイチなだし巻き卵/

だし巻き卵

きれいに巻けない…卵がくっついていり卵状態

卵がくっつくから、フライ返しでかき集めてなんとか完成。卵焼き器を買い替えたほうがいい？

巻きも色もきれい！ 卵がふんわり、ジューシー！

卵焼き器にきちんと油をなじませて、強火でスピーディに仕上げただし巻き卵。火が通りすぎず、ふんわりとした仕上がりに。

\イマイチな肉じゃが/

肉じゃが

煮くずれたじゃがいも、味がしみてない…

煮ているとき、じゃがいもを何度も返しているうちにボロボロに。弱火で煮込んだのに、中まで味がしみてない！

じゃがいもホクホク！ 中まで味がしみてる

ふたをして弱火でじっくり煮込むことで、味が全体にしみた肉じゃが。何度も混ぜないのでじゃがいももくずれていません。

お料理はなんとなくは作れるけれど、見た目も味もどうもキマらない。まずくはないけど、「また作って！」って言われたことがない。あなたの料理は、そんな「イマイチ料理」になっていませんか？プロの料理やお店の料理は、切り方、煮方、炒め方、味つけなど、至るところでおいしくなる計算がなされています。そのポイントを知れば、「イマイチ料理」を卒業できます！

肉野菜炒め

＼イマイチな肉野菜炒め／

水っぽくべちゃっとして、色も悪い

野菜のカサがなくなってふにゃふにゃ、べちゃべちゃ。食欲をそそるような色に仕上げたい！

かれいの煮つけ

＼イマイチなかれいの煮つけ／

身がくずれてボロボロ。しかもなんだか生臭い!?

魚の身がやわらかくて、ひっくり返すたびにくずれちゃう。しかも食べてみるとちょっと生臭い…。

野菜シャキシャキ！彩りもきれい！

炒め物は強火で短時間で炒めるのがコツ。味つけをすると野菜から水が出るので、調味料は最後に加えます。

身がしっかり！煮くずれていない 魚臭さが気にならない

飾り包丁を入れてしっかり味をしみ込ませれば魚臭さが気になりません。くずれやすい煮魚は、ひっくり返すのはNGです。

☞ **こんな料理を作れるようになるには、実はヒケツがあるんです！**

> また作って！
> って言われる料理を作るヒケツ、それは…

レシピ本通りに作ること！

あなたの料理、自己流料理になっていませんか？

「料理の流れはわかっているつもりだし、いちいちレシピを確認するのはめんどう…」と思っていませんか？ でも、そうやって自己流で作ることが、「イマイチ料理」を生み出しているのかも。下のリストをチェックしてみて。「あるある！」と思った方は、その考えをちょっと改めてみることが、脱自己流の近道かもしれません。

あなたの 自己流度 CHECK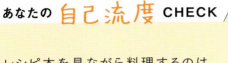

1. レシピ本を見ながら料理するのはめんどう ☐
2. 家にある材料を加えてアレンジするのが好き ☐
3. 調味料は目分量で計るのが料理上手っぽく見えると思う ☐
4. 時間はきっちりはからず、なんとなくでいいと思っている ☐

そうかも…

それが「イマイチ」の原因かも

1の解説
レシピは、**プロの料理人が何度も試作をして編み出した調理法**なので、おいしい料理を確実に作る近道となります。味に自信がなければ、一度レシピを見ながら料理してみて。

2の解説
材料を加えるたびに味つけも調整する必要が出てくるので、慣れていないと味が薄くなったり濃くなったりすることも。**アレンジは、基本をマスターしてから**がおすすめです。

3の解説
レシピにある調味料の配分は、プロの料理人が**ベストな味つけ**を生み出したもの。目分量で調味して味見をくり返すより、レシピに沿ったほうが**効率的**に調味できますよ。

4の解説
時間ははからずに進める方も多いと思いますが、少しの**時間差がおいしさを左右することも**。一度レシピ通りの時間にタイマーをセットしてみると、その違いがわかりますよ。

レシピ本には おいしくなる 理由 がたくさん隠れている

レシピ＝正しい設計図

通販で買った家具を、説明書を見ないで作ったら思った通りにできなかった、という経験はありませんか？　料理も同じなんです。料理にとって、レシピ本は「おいしく作れる」説明書のようなもの。レシピに何気なく書いてあること、例えば「3cm角に切る」「落としぶたをする」「よく混ぜ合わせる」といったことには、実は「おいしく作る」ための理由がいちいち隠されているんです。だから、書いてあることをしっかり守ることが、「また作って！」と言われる料理を作る近道になるんです。

脱！自己流

ハンバーグの場合

ポイント1
たねをよく練り混ぜる

ひき肉は白っぽく粘りが出るまで混ぜると肉汁がとじ込められ、ジューシーな仕上がりに。

これくらいまで

ポイント2
焼き始めたらいじらない

むやみに返すと肉汁が出てかたくなってしまうので、ひっくり返すのは1回にとどめて。

返すのは1回

ポイント3
材料は冷たいものを

ひき肉に熱が温まると肉汁が流れやすくなるので、材料は冷たいものを使う。

しっかり冷やして

じゅわっと肉汁あふれるふんわりハンバーグの完成！

この本で、脱！自己流 を目指しませんか？

おいしかったよ　また作って！

Contents

Chapter 1
知っておけばグンと差がつく！
目指せ、脱自己流

- はじめに ……2
- なんで私の料理はイマイチなの？　また作って！って言われる料理を作るヒケツ、それは…レシピ本通りに作ること！……4
- レシピ本にはおいしくなる理由がたくさん隠れている ……6
- この本の使い方 ……7
- 切り方の心得 ……12
- 基本の切り方 ……14
- 下ごしらえの心得 ……16
- はかる心得 ……18
- 味つけの心得 ……20
- 道具選びの心得 ……22
- 火加減の心得 ……24
- 水加減の心得 ……25
- ゆでる心得 ……26
- 煮る心得 ……27
- 焼く心得 ……28
- 炒める心得 ……29
- 蒸す心得 ……30
- 揚げる心得 ……31

Chapter 2
くり返し作って必ずマスターできる！
定番12品練習帖

- この本の使い方 ……32
- ハンバーグ ……34
  - アレンジレシピ 和風きのこソースのハンバーグ ……37
- 鶏のから揚げ ……38
  - アレンジレシピ 塩から揚げ／カレー風味から揚げ ……41
- 羽つき餃子 ……42
  - アレンジレシピ 合いびき肉とセロリの餃子／えびと春菊の餃子 ……45
- 肉野菜炒め ……46
  - アレンジレシピ エスニック風肉野菜炒め ……49
- えびフライ ……50
  - アレンジレシピ かきフライ ……53
- チキンカレー ……54
  - アレンジレシピ スープカレー ……57
- ロールキャベツ ……58
  - アレンジレシピ トマトロールキャベツ ……61
- ぶり大根 ……62
  - アレンジレシピ いか大根 ……65
- 肉じゃが ……66
  - アレンジレシピ キムチ肉じゃが ……69
- 豚汁 ……70
  - アレンジレシピ 豆乳豚汁 ……73
- マカロニグラタン ……74
  - アレンジレシピ ポテトグラタン ……77
- だし巻き卵 ……78
  - アレンジレシピ 関東風卵焼き／チーズとのりの卵焼き／たらことねぎの卵焼き ……81

Rank up!
おいしそうに見える盛りつけのコツ ……82

Column
似ているけど違う調理用語 ……84

Chapter 3
「料理できます！」と胸を張って言える
素材別メインディッシュ

[肉のおかず]
- 豚肉のしょうが焼き ……86
  - アレンジレシピ 豚肉のみそしょうが焼き ……87
- チキンクリームシチュー ……88

アレンジレシピ シーフードシチュー ……… 89
とんかつ ……… 90
アレンジレシピ チキンかつ ……… 91
青椒肉絲（チンジャオロース） ……… 92
豚の角煮 ……… 93
鶏の照り焼き ……… 94
すき焼き ……… 95

【魚介のおかず】
かれいの煮つけ ……… 96
アレンジレシピ 金目鯛のおろし煮 ……… 97
あじの南蛮漬け ……… 98
アレンジレシピ エスニック風あじの南蛮漬け ……… 99
サーモンムニエル ……… 100
さばのみそ煮 ……… 101
ぶりの照り焼き ……… 102
あじの塩焼き ……… 103
えびのチリソース ……… 104
天ぷら ……… 105

【野菜のおかず】
ポテトコロッケ ……… 106
アレンジレシピ かぼちゃのカレーコロッケ ……… 107
麻婆なす ……… 108
アレンジレシピ トマト麻婆 ……… 109
ゴーヤチャンプルー ……… 110
アレンジレシピ 中華風チャンプルー ……… 111
ポトフ ……… 112
野菜たっぷり回鍋肉（ホイコーロー）……… 113

【卵のおかず】
オムレツ ……… 114
アレンジレシピ スペイン風オムレツ ……… 115
茶碗蒸し ……… 116
かに玉 ……… 117
Rank up! 基本の「卵」調理法
ゆで卵 ……… 118

目玉焼き（ターンオーバー／サニーサイドアップ）……… 119
スクランブルエッグ ……… 120
温泉卵／煮卵 ……… 121

【豆腐のおかず】
麻婆豆腐 ……… 122
アレンジレシピ 塩麻婆豆腐 ……… 123
肉豆腐 ……… 124
豆腐ハンバーグ ……… 125
Rank up! バル風つまみで乾杯！
バーニャカウダ／えびのアヒージョ／
サーモンのカルパッチョ／ワカモレ ……… 126・127
Column 献立の組み合わせ方 ……… 128

Chapter 4
もう献立に困らない！ 副菜メニュー

筑前煮 ……… 130
アレンジレシピ 手羽先とごぼうと大豆の炒め煮 ……… 131
かぼちゃの煮物 ……… 132
ひじきの炒め煮 ……… 133
切り干し大根の煮物 ……… 134
きんぴら2種〔きんぴらごぼう〕
〔れんこんとエリンギのきんぴら〕……… 135
ほうれん草のおひたし ……… 136
小松菜と油揚げの煮びたし／
さやいんげんのごまみそあえ ……… 137
きゅうりとにんじんの酢の物／焼きなす ……… 138
春菊とにんじんの白あえ ……… 139
グリーンサラダ ……… 140
アレンジレシピ 混ぜるだけでOK！ドレッシングレシピ
オニオンドレッシング／シーザードレッシング／
中華ドレッシング ……… 141

ポテトサラダ	142
コールスロー	143
キャロットラペ／ピクルス	144
彩ナムル／中華サラダ	145
Rank up! デパ地下風サラダを作ってみよう	
いかのマリネサラダ／アボカドサーモンサラダ	146
グリルチキンのホットサラダ／えびマヨサラダ	147
Column おかずの保存	148

Chapter 5 毎日食べたい ごはん・汁物・麺・パン

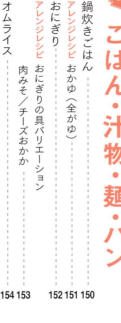

鍋炊きごはん	150
アレンジレシピ おかゆ（全がゆ）	151
おにぎり	152
アレンジレシピ おにぎりの具バリエーション 肉みそ／チーズおかか	153
ちらし寿司	154
五目チャーハン	155
五目炊き込みごはん	156
親子丼／牛丼	157
基本のみそ汁（豆腐とわかめ）	158
アレンジレシピ ほうれん草と油揚げのみそ汁／えのきだけと大根と里いものみそ汁／あさりとにらのみそ汁	159
オムライス	160
アレンジレシピ とろとろオムライス デミグラスソース	161
けんちん汁／かき玉汁	162
ミネストローネ／オニオングラタンスープ	163
コーンクリームスープ／かぼちゃのポタージュ	164
酸辣湯／わかめスープ	165
スパゲッティ ミートソース	166
アレンジレシピ ミートパイ	167
スパゲッティ ボンゴレ	168
スパゲッティ カルボナーラ	169
ソース焼きそば	170
アレンジレシピ エスニック風焼きそば	171
冷やし中華	172
担担麺	173
きつねうどん	174
カレーうどん	175
納豆ぶっかけそば	176
鶏南蛮	177
ミックスサンド	178
アレンジレシピ ベーグルサンド	179
トマトチーズホットサンド	180
フルーツサンド	181
Rank up! みんな大好き！ フレンチトースト＆パンケーキ	182
Column 基本のだしのとり方 一番だし（かつおと昆布の合わせだし）	184

Chapter 6 すぐに役立つ！ 食材別 目利き、保存法

野菜・果物の目利き、保存法	186
魚介類の目利き、保存法	192
肉類の目利き、保存法	194
その他食材の保存法	196
スムーズなあとかたづけのコツ	198
巻末付録 いまさら聞けない 調理用語一覧	200
材料別さくいん	204

脱!自己流

Chapter 1
目指せ、脱自己流

知っておけば グンと差がつく！

ここでは切り方や火加減・水加減、調理法別のコツなど、知っておくと差がつく「基礎の基礎」を教えます。ちょっと面倒でも、この章を読むことでおいしく作る正解がわかりますよ。

切り方の心得

食材の切り方が料理の仕上がりを左右するといっても過言ではありません。大きさをそろえて切ることで、見た目はもとより、味のしみ込み方も変わってきます。レシピに従って、ていねいに切りましょう。

1 大きさや切り方はレシピに沿って

基本の切り方はP.14から

- キャベツはシャキシャキ感が残るように大きめのざく切りで
- 長ねぎは切り口が広くなり、大きく見える斜め切りで
- ピーマンは味がしみやすいように、面が多い乱切りで

歯ざわりシャキシャキの回鍋肉に！

レシピは、素材の仕上がりや素材の火の通り方などを考えて作られているのでレシピ通りのサイズや切り方で切ること。

ひと口大とは？
ひと口で食べられるサイズのこと。箸でつかんで口に入れやすい3〜4cm角ぐらいをめやすにしましょう。

2 切り方で食感が変わる

玉ねぎの場合

- 垂直に切る — 加熱してもくずれにくい
- 繊維に沿う — パリッとした食感に

野菜には繊維が通っていて、繊維に沿って切ると歯ざわりがよく、繊維を断ち切るように垂直に切るとしんなりやわらかな食感に。

3 包丁の持ち方

目指せ、脱自己流　切り方の心得

握り方

柄を手のひらで包むようにして持つ。人差し指を伸ばしてみね（包丁の背）に当ててもよい。

手の添え方

指先が出ると危険なので、「猫の手」のように指先を曲げて、切るものをおさえるようにしておく。

基本の立ち方

調理台からこぶしひとつほどの間隔をあけて立ち、ワキは軽くしめて、脚を自然に開く。利き手側の脚を少し後ろに引いて、少し斜めに立つとまな板が広く使え、包丁もまっすぐ切りやすくなる。

- ワキは軽くしめる
- 包丁はまっすぐに
- キッチンと体をこぶしひとつ分あける
- 聞き手側の脚を少し引く

やわらかいものを切る

刺し身や肉などのやわらかいものは、刃元で切り込みを入れたら、手前に引くようにして、刃先まで使って切るとくずれにくい。

かたいものを切る

野菜やかたまり肉などのかための食材は、包丁の真ん中を食材に当てたら、押し出すように切ると繊維が断ち切りやすくなる。

包丁の名称

- **みね**　包丁の背の部分。ごぼうをこそげたり、肉をたたいたり、魚のうろこを取ったりするときに使う。
- **刃元**　じゃがいもの芽を取るときなどに使う。
- **柄（え）**　包丁の持ち手の部分。自分の手に合わせて握りやすいものを選ぶとよい。
- **切っ先**　包丁の先端。肉の筋切りや野菜のヘタを取るときなどに使う。
- **腹**　包丁の面の部分。にんにくをつぶすときなどに使う。

研ぎ方

切れ味が悪くなったら行う

刃を反対に返し、背を少し持ち上げ、左手を刃の上に添えて、1〜2回往復させる。

水につけた砥石に刃を手前にしてのせ、左手を添えて20回ほど往復させる。

基本の切り方

誤って覚えているかもしれない切り方。ここできちんと基本をおさえておきましょう。

1・輪切り

にんじんやきゅうりなど、棒状や円筒形のものを切り口が円形になるように、端から均等に切ること。

2・半月切り

にんじんや大根など、棒状や円筒形のものを縦半分に切り、切り口を下にして端から均等に切ること。輪切りを半分にした形。

3・いちょう切り

にんじんや大根など、円筒形のものを縦に4等分にし、切り口の平らな面を下にして端から均等に切ること。半月切りを半分にした形。

4・薄切り

素材を端から1～2mmくらいに薄く切ること。にんじんやきゅうりなどの円筒形の野菜は丸ごと、もしくは半分にしてから切る。

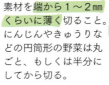

5・乱切り

にんじんや大根など、棒状や円筒形のものを手前にくるくる回しながら、端から斜めに切る。

6・くし形切り

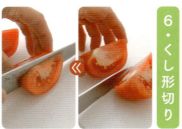

トマト、じゃがいもなどの丸い野菜を4分割、6分割、8分割と、真ん中から放射状に均等に切る。

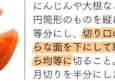
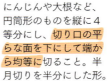

7・そぎ切り

白菜の芯や肉などに包丁を刃元から斜めにねかせて入れ、そのまま手前に引く。

8・ささがき

ごぼうなどに、縦に数本切り目を入れて、手前にくるくる回しながら、鉛筆を削るようにそいでいく。

9・ざく切り

キャベツや白菜などを何枚か重ねて、端から3～4cmの大きさにざくざくと切っていくこと。

目指せ、脱自己流
基本の切り方

10・小口切り

長ねぎや赤唐辛子などの細長い素材を端から薄く、一定の幅で切ること。切り方は輪切り、薄切りと同じ。

11・斜め切り

長ねぎ、きゅうり、ごぼうなど細長い素材に斜めに包丁を入れ、刃先から手前に引くように、端から斜めに切っていく。

12・短冊切り

にんじんなど円筒形の素材を4～5cmの長さに切り、1cm幅の板状にしてから、縦に2mm幅に薄切りにする。

13・せん切り

キャベツ

キャベツの葉を半分に切って何枚か重ねて丸め、端からなるべく細く切っていく。繊維に沿って切るとしゃっきり、繊維に直角に切るとしんなりする。

しょうが

しょうがを薄切りにし、何枚かを少しずらして重ねて、端からなるべく細く切っていく。

針しょうが

しょうがを薄切りにし、何枚かを少しずらして重ねて、端からなるべく薄く繊維に沿って切っていく。

白髪ねぎ

4～5cmの長ねぎ（白い部分）の芯を取り除き、長ねぎをおさえて平らにしながら繊維に沿って切っていく。

14・みじん切り

長ねぎ

長ねぎの表裏両面に斜めに切り込みを入れてじゃばらにし、さらに端から細かく刻む。

玉ねぎ

玉ねぎを縦半分に切り、切り口を下にして包丁をねかせて切れ目を横から入れ、根元を落とさないように縦に切り込みを入れたら、さらに端から細かく刻む。

にんにく

にんにくを縦半分に切り、芯を取って、切り口を下にして根元を落とさないようにして薄切りにする。包丁をねかせて横に2～3本切れ目を入れ、さらに端から細かく刻む。

しょうが

しょうがを薄切りにして、何枚かを少しずらして重ねて、端からなるべく薄く繊維に沿って切り、さらに端から直角に細かく刻む。

下ごしらえの心得

切ったあとで水にさらしたり、あくを抜いたり、筋や脂身などを除いたり……。素材の下ごしらえをていねいにすることで、料理が研ぎ澄まされ、ひと味もふた味も味わいが変わります。

野菜

あくを抜く

素材に含まれる渋みや苦み、えぐみや臭みなどの不要な成分の総称。余分なあくを取り除くことで、料理の味がすっきりとおいしくなります。ただし、渋みや苦みは、素材特有の風味でもあるので、上手に活かしつつ、適宜取り除くようにしましょう。

"あく"とは？

あくの強い野菜は、切ったままにしておくと褐色に変色しやすいので、切ったらすぐに酢水（水200mℓ：酢小さじ1）につける。

ごぼう、れんこんなどに

水けを絞る

水っぽいまま混ぜると味が薄まってしまうものは、しっかりと水けを絞っておくことが大切。

ゆでた野菜、みじん切りにした玉ねぎなどに

水にさらす

葉物野菜をサラダなどでシャキッと食べたいときは、水にさらすのが効果的。温度が高いと繊維がやわらかくなってしまうので、氷水などの冷水がおすすめ。

レタス、キャベツなどに

色止めをする

でんぷん質の強い食材は、切り口が空気に触れると変色してしまう。切ってすぐに水につけると色止めになる。

じゃがいも、さつまいもなどに

目指せ、脱自己流

下ごしらえの心得

魚介類

ぜいごを取る
あじ特有のうろこで、尾の近くにあるとげに似たものを「ぜいご」という。残しておくと口当たりが悪いので、おろし始めにそぎ取る。

背ワタを取る
えびの背の部分には、黒いワタが入っている。臭みがあり、食感もよくないので、殻をむく前に、頭から2〜3節目あたりに竹串を入れて引き出す。

砂抜きをする
あさり、はまぐりはひたひたの量の3％の塩水に、しじみはひたひたの量の真水につけて新聞紙などで覆い、静かな場所に3時間以上おいて砂をはかせる。

肉類

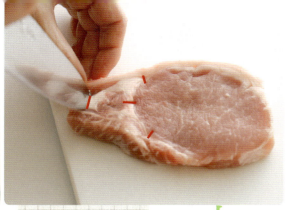

筋切りをする
肉の筋は切らないと、口当たりが悪くなる上に、肉が縮む原因にもなるので、包丁の刃先を使って、ところどころ繊維を断ち切るようにする。

余分な脂を取り除く
肉についている黄色い脂身のかたまりは、料理の仕上がり、口当たりともに悪くなる原因になるので包丁でそぎ取るとよい。

観音開きにする
肉の厚みに差があると焼き加減に差が出てしまうので、そぐようにして左右に切り込みを入れて開き、できるだけ均一な厚さになるようにする。

豆腐

水きりをする
豆腐の余計な水分を除きたいときは、ペーパータオルを巻いて重しをのせ、しばらくおいて水けをきる。電子レンジで加熱したり、ゆでて水きりすることも。

油揚げ

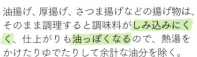

油抜きをする
油揚げ、厚揚げ、さつま揚げなどの揚げ物は、そのまま調理すると調味料がしみ込みにくく、仕上がりが油っぽくなるので、熱湯をかけたりゆでたりして余計な油分を除く。

はかる心得

「はかる」ことは料理をおいしく作るために大切なことのひとつ。調味料や食材を計量したり、時間をきちんとはかることで味はがぜん変わってきます。

容量

調味料は主に計量スプーン、計量カップを使ってはかる。レシピ通りにきちんとはかると驚くほど味がぴたっと決まるので、しっかりはかること。

洗い物が減るから知っておくと便利

大さじ1 = 小さじ3

大さじ1は15㎖、小さじ1は5㎖。小さじ3杯分が大さじ1杯分に当たる。大さじ、小さじ両方使うよりも、どちらかだけを使うことではかる回数も洗いものも減る。

液体

1カップ
200㎖。平らなところにカップをおき、一番上の目盛り(200㎖の目盛り)まで入れる。

大さじ1
15㎖。表面張力で少し盛り上がって見えるくらいでOK。大さじ1強、弱とあるものはきもち多め、少なめにはかる。

大さじ½
意外に多く、見た目に8割近く入っているくらいが½になる。見た目でぴったり半分にしても、実際は大さじ½より少ないので注意。

粉・野菜・ペースト

すりきり
粉ものやみじん切りの野菜などは、多めに盛ってから、スプーンの柄やすりきり棒でまっすぐにすりきる。

適量とは
レシピでよく見る「適量」とは、ちょうどいい量のこと。仕上げに飾りで添えるものや、好みでふりかけるものなどに使います。ちなみに似た言葉で「適宜」というのは、使っても使わなくてもいいものです。

ひとつまみ
親指、人差し指、中指の3本でつまんだ量くらい。小さじ⅛くらいに当たる。

少々
親指と人差し指でつまんだ量くらい。小さじ⅙くらいに当たる。

大さじ½
大さじ1をはかってから、½になる部分にすりきり棒などで印をつけて半量を落として½にする。

目指せ、脱自己流

はかる心得

重さ

重さのめやすを知れば料理がラクに！

野菜や肉などの食材も、わからなければ**スケールで計量する**のが大事。また、よく使うもののめやす量を知っておくと調理がはかどる。

- 鶏もも肉 1枚　約250g
- 玉ねぎ 1個　約150g
- ブロッコリー 1株　約200g
- ほうれん草 1束　約230g
- もやし 1袋　約240g
- れんこん 1節　約200g
- ごぼう 1本　約120g
- しめじ 1パック　約100g
- こんにゃく 1枚　約240g
- にんじん 1本　約150g

にんじん30gのときは1/5本使えばいいのね！

容器などに入れてはかるものの場合、おいてから**表示を0（ゼロ）にすれば**、容器の重さを抜いた材料の重さだけがはかれる。

時間

さっととは

素材の歯ごたえを残したいときや、葉物野菜は、さっとゆでたり炒めたりします。材料のかたさや量にもよりますが、1～2分がめやす。

パスタ
パスタの**アルデンテ**はゆで時間が大切。熱湯にパスタを入れたら、パッケージに表記してある時間通りにはかる。

ごはん
鍋でごはんを炊く場合、時間をはかるのは必須。タイマーをセットしておけば、ごはんのことを忘れて、ほかの調理に集中できる。

見やすい大きな字と音で時間を知らせる**デジタルタイマー**が便利

料理時間、特にゆで時間、煮る時間は、正確にはかるために、タイマーをセットするのがおすすめ。**濡れた手で使えるデジタルタイマー**があると便利。

味つけの心得

料理のおいしさを決めるのは、なんといっても「味つけ」です。ここが決まらなければ、どんな料理もおいしくなりません。調理法別のタイミングや調味料の特徴を知っておけば、いつもの料理がワンランクアップします。

タイミング

調理や調味料の性質によって、最適な味つけのタイミングがある。

下味とは？
肉や魚介などに調理前に味をつけておくこと。素材に下味をつけておくことで、味がしみ込みやすくなるほか、臭みが抜け、うまみが引き出されやすくなります。

炒め物
野菜炒めなどは野菜をシャキッとさせたいので、炒め上がったら、最後に調味料を加え、しんなりさせないのがポイント。

焼き物
高温で焼いて素材のうまみを引き出すので、最初に塩、こしょうするか、しょうゆなどで下味をつけてから焼くのがよい。

煮物

素材がまだ生の状態で調味料を入れて煮ると、浸透圧の関係で味がしみ込みにくくなってしまう。素材にある程度火が通ってから調味料を加えること。

あえ物
時間がたつと食材から水分が出て水っぽくなるので、食べる直前にあえ衣とあえるのがおすすめ。

蒸し物

ふたをしてじっくり火を通すので、あらかじめ下味をつけておく。素材の味を引き出す料理なので、下味はシンプルにすることが多い。

基本のさしすせそ

目指せ、脱自己流

味つけの心得

昔から料理は「さしすせそ」の順に加えるとよいといわれている。「さ」は砂糖、「し」は塩、「す」は酢、「せ」はしょうゆ（せうゆ）、「そ」はみそを指す。

さ 砂糖
主成分はショ糖で、料理に甘みをつけるほか、コクやツヤ、香ばしさを出したり、保存性を高める働きもある。

し 塩
塩味をつけるほか、食材のうまみを引き出したり、水分を出したり、色鮮やかにしたりするなどの働きがあり、下ごしらえに使われることも多い。

先人の知恵ってすごい！

す 酢
食材に酸味をつける一方で、味をまろやかにする働きも。野菜の色止めや臭み取りなど、下ごしらえに使われることも多い。

せ しょうゆ（せうゆ）
しょうゆ味をつけるほか、色、コク、香ばしさなどを加える。発酵によって生まれる独特のうまみがあり、和食を代表する調味料。

そ みそ
大豆を発酵させた調味料。独特の塩け、甘み、うまみがあり、使われた麹によって色も味わいも変わる。消臭、保存効果がある。

料理に加える順番について

料理の「さしすせそ」は、塩分が入ったあとだと砂糖がしみ込みにくくなることから、砂糖の次に塩を加え、酢、しょうゆ、みそは風味がとばないようにあとから加えるという調味のコツを表した言葉。ただし、必ずしもこの順番で加えなければならないというものではない。

道具選びの心得

使い勝手のいい道具を使えば、より手際よく、おいしく料理が作れます。単純に値段が張るものを使えばよいというわけではありません。作る料理に合っているか、自分が使いやすいかどうかが大切です。

フライパン

何にでも使える万能選手

さまざまな料理に使える大きなフライパンは必須アイテム。毎日使うなら、くっつきにくいフッ素樹脂加工素材がおすすめ。フッ素樹脂加工素材のものは、数年使うとくっつきやすくなってしまうので、2～3年をめやすに交換するとよい。

- 炒め物
- 焼き物
- 揚げ物
- 煮魚

ふたは必ずそろえて

フライパン、鍋ともにふたはぴったりのものをそろえて。大きさが合わないと蒸気が逃げるので注意。

鍋

両方そろえて

煮物や煮込み料理などに

たっぷり作りたい煮込み料理に。長くじっくり煮るので、丈夫なものがおすすめ。

下ゆでや汁物などに

下ゆでやみそ汁などに。小さめの鍋なら、大鍋よりも少ない湯の量でカサが出るので、短時間で沸いて、調理も早い。

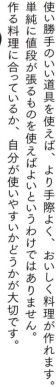

そのほか調理器具

頻度が高いものからそろえて

目指せ、脱自己流

道具選びの心得

● ボウル
材料を混ぜたり、泡立てたり、頻繁に使う。大きさの違うものを2〜3つ用意して。

● ざる
材料の水きりに。ボウルの大きさに合わせて選ぶとよい。持ち手のついているものは、熱いものをゆでこぼすときに便利。

● フライ返し
フライパンを傷つけないようにヘラの部分がシリコン製のものがおすすめ。

● バット
下ごしらえした材料をのせたり、粉をまぶしたりするときに使う。大・中・小そろえておくと重宝する。

● 耐熱容器
調味料を少量用意したいときなどに便利。耐熱性ならレンジ加熱もできるので便利。

● 計量スプーン・すりきり
調味料をはかる必需品。15mlの大さじ、5mlの小さじ、さらに小さい2.5mlのさじがついているものもある。

● 計量カップ
1カップ200mlが基本。500mlなどの大きなサイズのものもある。目盛りが見やすいものを選んで。

● 包丁
材料を切るための必需品。刃渡り20cmくらいの、さびにくく、扱いやすいステンレス製がおすすめ。

● 木べら
炒め物など、鍋の中の具材を混ぜるときに使う。フッ素樹脂加工の鍋も傷がつかない。

● ゴムべら
耐熱性のあるシリコン素材のものを選べば、鍋などにも使える。

● 菜箸
混ぜたり、はさんだり、さまざまな作業に使う料理の必需品。竹製のすべりにくいものを。

● おたま
汁をよそったり、具を盛りつけるときに。持ちやすく安定しているものを選んで。

あると便利！

ちょこっとスプーン
ショートサイズなので自分の手のような感覚でおたまやサーバーとして使える。

大さじ小さじ（ロング）
1本で大さじも小さじもはかれるので、洗いものが少なくて済む。

大さじ小さじ（ショート）
小ぶりなので、砂糖や塩などの調味料入れにそのまま入れておくことができる。

シリコンターナー
先が薄くなっているので、煮魚や卵焼きなどの底にすっと入れられる。

ゴムべら（小）
ペースト系の調味料のびんの中に入る大きさなので、残さずすくい取ることができる。

みそマドラー
ぐるりと回転させると適量みそがすくいとれて、そのまま溶き入れることが可能。

火加減の心得

火加減の基本は、強火、中火、弱火の3つ。さらに極々弱火で加熱するとろ火、強めの中火、弱めの中火などの表現をすることもあります。調理中は常に鍋の中の状態を見て、加減をすることが大切です。

火力

加減とは？

バランスのとれたちょうどいい状態にすることを「加減する」といいます。火の強さや、水の量、調味料、食材の量などによっていろいろ。臨機応変に状態を見ながら調整することが、料理では重要な作業になります。

基本的に火加減は火の強さで表現するが、食材の状態や大きさ、調理器具によっても鍋中の状態は変わる。また、最近はIHタイプのコンロを使用している家庭も多いので、火加減は鍋の中のようすを見ながら判断するとよい。

強火

炎が勢いよく出ていて、炎の先が鍋底にしっかりとついている状態。

こんな料理に
煮始めや湯を沸かすとき、野菜の炒め物、最後に水分をとばしたいときに。

中火

炎がほどよく出ていて、炎の先が鍋底につくかつかないかの状態。

こんな料理に
煮物や焼き物を始めとするだいたいの料理に。

弱火

炎が小さく弱く出ていて、炎の先が完全に鍋底から離れている状態。

こんな料理に
煮物にじっくり火を通すときや、煮含めたい料理などに。

水加減の心得

食材をゆでるときや煮るときの食材に対する液体の量を指します。食材によって最適な加減があり、それによって仕上がりも変わってきます。よく使われる調理用語なので、知っておきましょう。

「たっぷり」

材料が完全に液体につかっている状態。鍋の中で泳がせながら、短時間で火を通すことができる。パスタや青菜などをゆでるときに。

パスタや青菜などに

「かぶるくらい」

材料が水面からぎりぎり出ない状態。比較的ゆで時間が長くかかるいも類や根菜をゆでるときに。

いも類や根菜などに

「ひたひた」

材料の頭が見え隠れする状態。水分量が少なく、煮くずれしにくいので、煮物の煮汁などによく使われる量。

煮物などに

目指せ、脱自己流

火加減の心得／水加減の心得

ゆでる心得

沸騰した湯の中で食材に火を通すこと。ゆで野菜や卵などそのまま食べることもありますが、基本的には下ごしらえの一環として行われます。食材をやわらかくしたり、あく抜きするなどの効果があります。

青菜　沸騰させた湯でゆでる

土の上で育つものは、おおむね火が通りやすいので湯からゆでる。たっぷりの湯でゆでれば、食材を入れても温度が下がりにくいので短時間でゆでられる。

冷水にさらす

青菜など、色鮮やかに仕上げたいものは、ゆでたら、すぐに冷水にさらすと色があせない。また、水にさらすことであく抜きにもなる。

根菜、いも類　水からゆでる

土の中で育つ根菜、いも類は、火が通りにくいので水から入れてゆっくりと火を通す。水の量はかぶるくらいがおすすめ。

レンジで加熱する

急いで加熱したいときは、電子レンジがおすすめ。湯を沸かす手間もいらないので、さっと加熱できて便利。

麺類　たっぷりの湯でゆでる

沸騰したたっぷりの湯に入れてゆでる。パスタは鍋に入れるときに放射状に入れるとくっつきにくくなる。

水でしめる

そばやうどんはゆでてから冷水でしめるとコシが出る。また、表面のぬめりを落とす目的もある。

煮る心得

味つけした煮汁に食材を入れて、加熱しながら味をしみ込こませる調理法。家庭料理には欠かせない調理法のひとつで、煮汁の量やふたの有無など、それぞれの食材に合った煮方があります。

魚介類は煮汁は少なめに

魚介類は、煮くずれないよう少なめの煮汁で落としぶたをし、煮汁の対流を利用して煮ることが多い。

根菜・いもふた

具は鍋の大きさに合わせて

鍋内にゆとりがありすぎると、具が動きすぎて煮くずれの原因に。反対に多すぎても煮くずれや味にむらが出やすいので、具のすきまがあまりできないくらいのバランスで煮ること。

煮汁はひたひたで

根菜、いも類の煮物は、ひたひたの煮汁の量でふたをして煮ることが多い。ある程度やわらかくなってきたらふたを取って水分をとばす。

● 落としぶた

煮汁を均一に行き渡らせる

落としぶたを使うと少ない煮汁でも対流して全体に行き渡り、具材に味がしみ込みやすくなる。また、具が動きにくいので、煮くずれもしにくい。

しない場合

青菜など比較的すぐに火が通り、色が悪くなりやすいものや、水分をとばして濃度を高める炒め煮などは、ふたをせずに煮る。

する場合

鍋内の熱や水分が逃げないようにするのが目的なので、食材に早く火を通したいときや、煮汁の多い煮込み料理のときはふたをする。

目指せ、脱自己流

焼く心得

直火、フライパンなどで食材の表面を焼いて火を通す調理法のこと。表面を焼くことでこんがりと香ばしい風味が加わり、食材のうまみもとじ込められます。上手な焼き加減を身につけましょう。

焼く前

フライパンや網はよく熱する

肉や魚は高温で焼くと表面のたんぱく質が固まるので、うまみを逃しにくくなる。また、グリルの網を熱しておくと魚をのせて焼いたときにくっつきにくくなる。

油はよくなじませて

油をひくことで熱々の鉄のフライパンに肉や魚をのせてもくっつきにくくなる。また、表面温度が高くなるのでこんがりと焼き目もつきやすい。

焼き方

返すのは原則1回

まだ焼けてないうちにさわるとくずれてしまったり、うまみや水分が出てしまったりする。肉や魚はたんぱく質が固まるまでさわらず、返すのは1回にとどめて。

表になるほうを先に焼く

肉や魚は、最初に焼く面にきれいな焼き色がつくので、盛りつけたときに表になるほうから先に焼き、裏返してさらに焼く。

放置時間で仕上がりが変わる！

魚や肉は塩をしてしばらくして焼くと身がしまる

魚や肉に塩をふってしばらくすると、浸透圧の関係で水分が出て身がキュッとしまってくる。そのあとで焼くと弾力のある焼き上がりに。逆に塩をふってすぐに焼くと、やわらかく焼き上がる。

炒める心得

鍋に少量の油を熱して食材を混ぜながら、高温で短時間に火を通す調理法。手際よくさっと混ぜながら、食材が焦げないように水分を蒸発させながら火を通します。上手な炒め方をマスターしましょう。

目指せ、脱自己流

焼く心得／炒める心得

1 食材を炒める順番がある

- 火が通りやすい食材
- 火の通りにくい食材
- 香りの出るもの、うまみの出る食材

基本的にはまず、にんにくやしょうがなどの**香りの出るもの**や、肉や魚など**うまみが出るもの→火の通りにくい食材→火の通りやすい食材**の順に炒める。

香りも出るのね 火の通りが均一で

2 火加減は基本強火で

シャキッと仕上げたい炒め物は、基本的に**強火で短時間**に炒める。特に野菜は時間がたつと水が出やすいので手早く炒めて。

IHの場合は

炎で炒めるガスコンロの場合は、鍋を離しても火が届くが、IHはプレートから離すと熱が届かなくなってしまう。食材を返すときに鍋はふらずに、へらなどで返すようにする。

3 肉や魚介はいったん取り出す

最初に表面に焼き目をつけてうまみをとじ込めたら、**いったん取り出す**。ふたたびあとで戻すと、かたくなりにくい。

蒸す心得

鍋の中で上がってくる熱い水蒸気で食材を加熱する調理法。直接湯にふれないので食材が水っぽくならず、うまみや栄養が抜けにくいのも特徴です。熱の当たりがやわらかで、素材がふんわりと仕上がります。

基本の蒸し方　蒸し方の種類

蒸気が上がった蒸し器で

蒸し器にしっかりと蒸気が上がってきたのを確認してから食材を入れる。蒸気が上がらないうちに入れると鍋中の温度が下がって、水滴がついて水っぽくなってしまう。

電子レンジ

耐熱容器に具材を入れてラップをして電子レンジにかけても蒸すことができる。根菜を手早く蒸すことができるので、いもやかぼちゃなどがおすすめ。

レンジで時短できる♪

地獄蒸し

蒸し器がない場合は、フライパンや鍋に湯を張り、直接容器を入れて蒸す地獄蒸しがおすすめ。ふたは少しずらして弱火で静かに蒸す。

蒸し料理に向く食材

「蒸す」調理法は、素材のうまみを逃さない一方で、食材のあくも排出しないので、向くのは、淡白でクセの少ない食材。いも、白身魚、鶏肉、豆腐、卵、きのこ、ブロッコリー、キャベツなどを。

揚げる心得

高温に熱したたっぷりの油の中に食材を入れて加熱する方法。油の中で加熱することで、食材の中の水分が抜けて、油が入り込み、中に火が通ります。泡が少なくなったら揚げ上がりです。

目指せ、脱自己流

蒸す心得／揚げる心得

揚げ油の温度

180℃ シュワッ

160〜170℃ フワフワ

140〜150℃ ポツポツ

高温…
菜箸の先を湿らせてからふいて、油の中に入れ、箸先から**シュワッ**とたくさん泡が出るくらい。から揚げの二度揚げや魚介の天ぷらやフライに。

中温…
菜箸の先を湿らせてからふいて、油の中に入れ、箸先から**フワフワ**と泡が出るくらい。コロッケ、とんかつ、野菜の天ぷらなどに。

低温…
菜箸の先を湿らせてからふいて、油の中に入れ、箸先から**ポツポツ**と泡が出るくらい。から揚げを二度揚げする際の一度目などに。

揚げ油の処理について

一度使った油は、2〜3回はくり返し使えるので、こして専用の保存容器に入れておき、炒め油などに使ってもよい。劣化したら、市販の油凝固剤で固めたり、パルプ材や新聞紙、不要な布などに吸わせたりして捨てるとよい。

自治体のゴミの捨て方に従ってね！

揚げ方のコツ

一度にたくさん入れない

このくらい

鍋に一度にたくさん入れると油の温度が一時的に下がってしまう。適温をキープしながら揚げるには、**鍋の表面積の½〜⅔くらいまで**に。また、**揚げかす**はこまめに取るようにする。

31

この本の使い方

料理を始める前に、この本の決まりごとをチェックしておきましょう。

作り方
- ひと通り読んで流れを把握してから作り始めるとスムーズです。
- それぞれの工程で注意したいポイントには、マーカーを引きました。
- 火加減・油の温度をマークで表示しています。

材料表
- 材料は一度でよいのでレシピ通りに用意し、きちんとはかって作ってみてください。その料理の「正解」の味がよくわかります。
- (混ぜておく)(〜切り)とあるものは、事前に混ぜたり、切ったりしておきましょう。(基本の切り方はP.14〜15を参照)

アレンジレシピ
食材や味つけをアレンジしたレシピを紹介しています。まずは基本のレシピで手順を把握してからアレンジに挑戦するのがおすすめ。

脱自己流ポイント
それぞれの料理の大事なポイントなので、しっかり守りましょう。

献立ナビ
主菜になるおかずには、献立ナビで副菜や汁物を紹介しているので、メニューの参考にしてください。
(献立の組み合わせ方はP.128を参照)

この本の決まりごと

- この本に表示した計量器具は、1カップ=200mℓ、大さじ1=15mℓ、小さじ1=5mℓ、米1合=180mℓです。
- 本誌で使用するだし汁としょうゆは特に明記していない場合、昆布・かつおの合わせだし(→P.184参照)と濃口しょうゆです。
- 食材は、個数で表記してあるものは中サイズを基準にしています。
- オーブントースターの加熱時間は1000Wを基準にしています。
- 電子レンジの加熱時間は600Wを基準にしています。500Wの場合は表示時間の1.2倍をめやすにしてください。
- 「作りやすい分量」とあるものは、3〜4人分をめやすにしています。
- 調理前に、野菜は必ず水洗いし、軽くふいて使いましょう。特に記載のない場合、きのこ類の水洗いは不要です。
- 特に記載のない場合、野菜は下記の処理をします。
  - にんじん、じゃがいも、大根は皮をむく。
  - トマト、きゅうり、なすはヘタを取る。
  - セロリは筋を取る。
  - きのこ類は根元や石づきを落とす。
  - さやえんどう、さやいんげんはヘタと筋を取る。
  - かぼちゃは種とわたを取り除く。

かならず読んでね!

脱！自己流

Chapter 2
定番12品 練習帖

くり返し作って必ずマスターできる！

ここではみんなが大好きな定番料理12品を厳選しました。くり返し作ってコツを覚えたら、肉汁あふれるハンバーグも、外はカリッ、中はジューシーな鶏のから揚げも思いのまま。アレンジレシピにもぜひチャレンジしてみて。

ハンバーグ

ハンバーグは肉汁をとじ込めるために**粘りが出て白っぽくなるまで練ると**、ジューシーに焼き上がります。

1人分 **364** kcal ／塩分 **1.8** g／糖質 **10.9** g

材料（2人分）

[ハンバーグ]
- 合いびき肉……………200g
- 玉ねぎ…………………¼個
- バター…………………小さじ1
- A 卵……………………½個
  - 生パン粉……………大さじ2
  - 塩……………………小さじ⅙
  - こしょう、ナツメグ…各少々
- サラダ油………………小さじ1

[ソース]
- 赤ワイン、水…………各大さじ1
- トマトケチャップ……大さじ2
- ウスターソース………大さじ½
- バター…………………小さじ1
- こしょう………………少々

[つけ合わせ]
- にんじん………………¼本
- ブロッコリー…………60g

献立ナビ

副菜
グリーンサラダ→P.140
汁物
コーンクリームスープ→P.164

定番12品練習帖 ハンバーグ

脱！自己流 ここだけ守って！ おいしいハンバーグのポイント

ハンバーグは練り方が一番のポイント。ひき肉に粘りが出るまで練ることで、肉汁がとじ込められ、焼いたときジューシーに仕上がります。

ポイント1
ひき肉は粘りが出て白っぽくなるまで練ること。手早く、かつしっかり混ぜるのがポイント

たねを作るときは猫の手のようにして、ボウルに脂がつくくらいまで、手早く混ぜましょう。全体が白っぽくなり粘りが出るまで混ぜるとジューシーに仕上がります。

ポイント2
ハンバーグは焼き始めたらいじらない

肉汁が出てしまうので返すのは1回。焦げ目をつけたらふたをして蒸し焼きにし、ふっくらと仕上げます。

ポイント3
材料はすべて冷たいものを使って

ひき肉が温まると肉汁が出てしまうので、材料はすべて冷蔵庫から出したばかりのものを使いましょう。

Q 自己流でありがち…
ハンバーグを焼いたらひび割れてしまいました。

>>

A 脱・自己流で解決！
ハンバーグに空気が入ると焼いたときに割れ目ができてしまうので、やさしく**キャッチボールをして空気を抜きましょう。**

作り方

下準備をする

1 玉ねぎはみじん切り（→P.15-14）にする。

2 1を耐熱容器にバターとともに入れ、ラップなしで電子レンジで **1分30秒**加熱して**完全に冷ます**。

3 つけ合わせの野菜を切る。にんじんは0.8cm厚さの輪切り（→P.14-1）に、ブロッコリーは小房に分ける。

4 ひき肉、卵などの材料はたねを作る直前まで**冷蔵庫に入れて**おく。

脱！自流　ポイント3
ひき肉が温まると肉汁が出てしまうので、食材は冷やしておき、できれば手も冷水で洗っておくとよいでしょう。

たねを作る

5 ボウルに冷蔵庫から出したばかりのひき肉、**A**を入れ、よく練り混ぜる。

脱！自流　ポイント1
粘りが出て白っぽくなるまでよく混ぜます。猫の手のような形で混ぜるのがコツ。

これくらいまで！

6 2を加えて、**さっと**混ぜ合わせる。

7 半量に分けてまとめ、やさしく手のひらでキャッチボールをして**空気を抜く**。

8 小判形に形を整え、真ん中を少し**くぼま**せる。

ハンバーグを焼く

9
フライパンにサラダ油を入れて熱し、8を入れ**中火で1分**焼き、返さないでふたをして**弱火で3分**焼く。

10
9のハンバーグを返す。

脱！自己流 ポイント2
むやみに返すと肉汁が出てしまうので、返すのは1回にとどめましょう。

焼き加減はこれくらい！

11
3を加え、ふたをして**中火で1分**、**弱火で3分**ほど焼き、ハンバーグに竹串を刺して、**透明な汁**が出たら取り出す。

盛りつける

12
11のフライパンの余分な油をふき取り、赤ワインを入れて混ぜ、残りのソースの材料をすべて入れ、**弱火で30秒**ほど煮る。

13
器にハンバーグとつけ合わせの野菜を盛り、12をかける。

Arrange Recipe アレンジレシピ

和風きのこソースのハンバーグ

1人分 **340**kcal ／ 塩分 **2.0**g ／ 糖質 **9.1**g

材料（2人分）
[ハンバーグ、つけ合わせ]
・・・・・・・・・・「ハンバーグ」と同量
しいたけ（いちょう切り→P14-3）
・・・・・・・・・・・・・・・・・・・2枚分
[ソース]
A だし汁・・・・・・・・・・・・・・・100mℓ
┃ しょうゆ・・・・・・・・・・・・小さじ2
┃ みりん・・・・・・・・・・・・・・小さじ1
┗ 塩・・・・・・・・・・・・・・・・・・・・少々
B 片栗粉・・・・・・・・・・・・・・小さじ1
┗ 水・・・・・・・・・・・・・・・・・小さじ2

作り方
1 ハンバーグ、つけ合わせは「ハンバーグ」と同様に焼く。
2 鍋にAを入れて煮立たせ、しいたけを加える。
3 しいたけに火が通ったらBを加え、とろみをつける。
4 焼き上がったハンバーグを器に盛り、3のソースをかける。

鶏のから揚げ

サクサク、ジュワ〜ッなから揚げに。一度目は超低温で中まで火を通し、二度目は高温でカラッと揚げると

1人分 **331** kcal／塩分 **1.6** g／糖質 **10.1** g

材料（2人分）
- 鶏もも肉 …………… 大1枚
- 塩 ………………… 小さじ1/5
- こしょう ………………… 少々
- A
  - しょうゆ ………… 小さじ2
  - しょうがの絞り汁、酒 …… 各小さじ1
  - 砂糖 …………… 小さじ2/3
  - おろしにんにく ……… 少々
- 片栗粉、揚げ油 ……… 各適量

[つけ合わせ]
- レモン（くし形切り→P.14-6）、
  レタス ………………… 各適量

献立ナビ
副菜
ほうれん草のおひたし→P.136
汁物
えのきだけと大根と里いものみそ汁→P.161

定番12品練習帖

鶏のから揚げ

ここだけ守って！

おいしい鶏のから揚げのポイント

中まで火が通っているか心配なから揚げですが、二度揚げでその心配は解消。外はカリッと中はジューシーに仕上がります。

ポイント1
最初は低温で揚げて、しばらくひと休み。二度目は180℃の揚げ油でカラッと揚げて

最初は140℃の低温で揚げて取り出し、4〜5分休ませて余熱で中まで火を通します。こうすれば、肉がかたくなったりパサついたりしません。

ポイント2
下味をつけたらしばらくおいて

鶏肉に調味料をもみ込み、水分がなくなるまで15分ほどおくと、肉が水分を含んでジューシーになります。

ポイント3
衣がかたまるまでさわらない

肉どうしがくっつかないよう、すきまをあけて揚げ油に入れます。衣がはがれやすくなるので、返すのは最小限にとどめましょう。

自己流でありがち…

から揚げが鍋底にくっついてしまします。

≫

脱・自己流で解決！

フッ素樹脂加工のフライパンを使うとくっつきにくくなります。肉が鍋底にくっついてしまってもさわらないで少し待つとはがしやすくなります。

• 作り方

下味をつける

1 鶏肉は横3等分に切り、さらに**4cm角**くらいに切る。

大きさのめやすはこれくらい。大きすぎると火が通りにくくなるので注意。

実寸!

2 1に塩、こしょうし、**A**をすべて加え、軽くもみ込み、**15分**ほどおく。

脱!自流 ポイント2

下味をつけてしばらくおくと、味と水分が肉にしみ込んでジューシーな仕上がりに。

低温で揚げる

3 2に片栗粉をまんべんなく薄くまぶして、余分な粉をはたく。

4 フライパンに揚げ油を入れ、**140℃**（→P.31参照）に熱する。3を**軽く握って**から静かに入れ、低温のまま、**4分**ほど揚げて、**一度上下を返す**。鶏肉が油から出るようなら、おたまで油をかけるとよい。

脱!自流 ポイント3

低温の泡の量はポツポツ出るくらい。衣がかたまるまでさわらないようにしましょう。

これくらいがめやす!

5 鶏肉を取り出し、バットに**4～5分**おいて、余熱で火を通す。

脱!自流 ポイント1

一度目の揚げ上がりはこれくらい。バットにおいて余熱で火を通します。

軽く色づくまで!

盛りつける

7
バットに取り出して油をきり、レタスを敷いた器に盛って、レモンを添える。

高温で二度揚げする

6
火を強めて揚げ油を**180℃**（→P.31参照）に熱する。5の鶏肉を戻し入れて**180℃**で**30秒**ほど、きつね色になるまで揚げる。

🔥180℃

脱！自己流　ポイント！
高温の泡の量はシュワッと出るくらい。二度目はカラッと色づけばOKです。

Arrange Recipe　アレンジレシピ

塩から揚げ

1人分 **329**kcal ／ 塩分 **1.7**g ／ 糖質 **10.1**g

材料（2人分）
鶏もも肉・・・・・・・・・・・・・・・大1枚
A┌ しょうがの絞り汁 ・・・・・ 小さじ½
　├ みりん ・・・・・・・・・・・・ 大さじ½
　└ 塩 ・・・・・・・・・・・・・・ 小さじ½
こしょう・・・・・・・・・・・・・・・・少々
片栗粉、揚げ油・・・・・・・・・・各適量

作り方
「鶏のから揚げ」の2で塩、こしょうしないでAを替えて同様に作る。

カレー風味から揚げ

1人分 **332**kcal ／ 塩分 **1.6**g ／ 糖質 **9.8**g

材料（2人分）
鶏もも肉・・・・・・・・・・・・・・・大1枚
塩・・・・・・・・・・・・・・・・・・小さじ⅙
こしょう・・・・・・・・・・・・・・・・少々
A┌ しょうゆ ・・・・・・・・・・ 小さじ2
　├ カレー粉、しょうがの絞り汁、酒
　│　　　　　　　　　　　　各小さじ1
　├ 砂糖 ・・・・・・・・・・・・ 小さじ⅔
　└ にんにく（すりおろし）・・・・少々
片栗粉、揚げ油・・・・・・・・・・各適量

作り方
「鶏のから揚げ」の2でAを替えて同様に作る。

羽つき餃子

肉は粘りが出るまでしっかりと練り、野菜はさっくりと混ぜ合わせます。ひと晩ねかせるとさらにおいしい。

1人分 **417** kcal ／塩分 **1.2** g ／糖質 **32.1** g

材料（2〜3人分）

餃子の皮 …………………… 24枚

[餃子のたね]
- 豚ひき肉 ………………… 200g
- 白菜 ………………………… 3枚
- にら ………………………… 30g
- 長ねぎ ……………………… 10cm
- A しょうゆ …………… 小さじ2
  - 酒、ごま油 ……… 各小さじ1
  - オイスターソース … 小さじ½
  - おろしにんにく、塩、こしょう
    ………………………… 各少々

サラダ油 ………………… 小さじ1½

B（混ぜておく）
- 水 ………………………… 150㎖
- 小麦粉 …………………… 大さじ1

ごま油 …………………… 小さじ1½

[たれ]
しょうゆ、酢、ラー油 …… 各適量

献立ナビ

副菜
中華サラダ→P.145
汁物
わかめスープ→P.165

定番12品練習帖

羽つき餃子

脱！自己流

ここだけ守って！
おいしい羽つき餃子のポイント

餃子のたねは、ひき肉をよく練ること、白菜の水けをよく絞ることがポイントです。水けが残っていると、水っぽくなりジューシーに仕上がりません。

ポイント1
肉は白っぽく粘りが出るまでよく練り、野菜を加えたあとは混ぜすぎない

肉は肉汁をとじ込めるために粘りが出るまでよく練り混ぜ、野菜を加えたら水けが出ないようにさっくりと混ぜ合わせます。たねはできればひと晩（難しいようなら1〜2時間でも）冷蔵庫でねかせると、ぐっとおいしくなります。

ポイント2
白菜は水けをしっかり絞ること

白菜は塩をふってしんなりさせてから、水けをしっかり絞りましょう。こうすると具が水っぽくなりません。

ポイント3
最後にごま油でパリッと焼き上げて

餃子はふたをして中火で蒸し焼きにしたら、最後にごま油を加えて火を強め、パリッと焼き上げましょう。

Q 自己流でありがち…
具が皮からはみ出すので少なく包んでしまいます。

A 脱・自己流で解決！
具を皮の真ん中においたら、皮がへこむくらいぐっと**押しつけましょう**。こうするとたっぷりと包むことができる上、うまみが逃げにくくなります。

作り方

たねを作る

1
白菜はみじん切り（→P.15-14）にしてボウルに入れ、塩小さじ¼（分量外）を加えてもみ、5分ほどおいてしんなりさせる。

2
にらは細かく刻み、長ねぎはみじん切りにする。

3
大きいボウルにひき肉を入れ、Aを加えて、全体が白っぽくなり粘りが出るまで混ぜ合わせる。

これくらいまで！

4
1は、出た水けをぎゅっと絞り、3に加える。

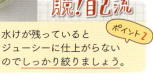

脱！自己流 ポイント2
水けが残っているとジューシーに仕上がらないのでしっかり絞りましょう。

5
4に2を加え、さっくり混ぜ合わせてラップをして冷蔵庫に入れる。

脱！自己流 ポイント1
野菜を加えたあとは混ぜすぎないこと。ひと晩ねかせるとさらにジューシーになりますが、時間がない場合は1〜2時間でもOK。

餃子を包む

6
餃子の皮の端に水をつける。

7
24等分に分けた5を、スプーンなどで皮にのせる。このとき、皮の中心がへこむくらいぐっと押しつけて空気を抜くと肉のうまみが逃げにくくなる。

8
7を2つに折る。

定番12品練習帖　羽つき餃子

11
フライパンを**強火**で熱し、フライパンが熱くなったら、混ぜ合わせた**B**を流し入れ、ふたをして、**中火で7〜8分**蒸し焼きにする。

12
ふたを開け、水けが残っていたら**強火**にしてとばし、**ごま油を回し入れ**、底面をこんがりと焼く。

脱！自己流　ポイント3

最後にごま油を加えて火を強め、香ばしく焼き上げましょう。

9
端をつまみ、片側に指でヒダをつけながら包む。最後にヒダのない手前の部分を、押すようにして弧を描くように形を整える。

餃子を焼く

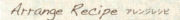

13
12のフライパンに器をかぶせてひっくり返して餃子を盛り、好みでたれを添える。

10
フライパンにサラダ油をひき、**火はつけずに**餃子を並べる。

Arrange Recipe　アレンジレシピ

合いびき肉とセロリの餃子

1人分 **419**kcal ／ 塩分 **1.4**g ／ 糖質 **32.1**g

作り方（材料2〜3人分）
「羽つき餃子」の[餃子のたね]を、合いびき肉200g、長ねぎ（みじん切り）10cm分、セロリ（筋を取り小さめの角切り）2本分、**A**酒、しょうゆ各小さじ2、オイスターソース、ごま油各小さじ1、塩、こしょう各少々に替えて同様に作る。

えびと春菊の餃子

1人分 **359**kcal ／ 塩分 **1.3**g ／ 糖質 **29.9**g

作り方（材料2〜3人分）
「羽つき餃子」の[餃子のたね]を、鶏ひき肉150g、むきえび（ざく切り→P.14-9）50g分、長ねぎ（みじん切り）5cm分、春菊（細かく刻む）150g分、**A**酒小さじ2、しょうゆ、ごま油各小さじ1、しょうがの絞り汁小さじ½、塩小さじ⅙、こしょう少々に替えて同様に作る。

肉野菜炒め

炒め物は常に強火でさっと炒めて。味つけも最後にするとべちゃっとなりません。

1人分 **352**kcal／塩分 **1.6**g／糖質 **12.1**g

材料（2人分）

- 豚ロース薄切り肉 ……… 150g
- A 塩、こしょう ……… 各少々
  酒、片栗粉 ……… 各小さじ1
- 玉ねぎ ……… 1/2個
- にんじん ……… 40g
- ピーマン ……… 1個
- キャベツ ……… 2枚
- もやし ……… 1/2袋（120g）
- にんにく、しょうが
  （各薄切り→P.14-4）…… 各2枚
- サラダ油 ……… 大さじ1
- B（混ぜておく）
  酒 ……… 小さじ2
  鶏がらスープの素 ……… 小さじ1/4
- C（混ぜておく）
  しょうゆ ……… 小さじ1
  塩 ……… 小さじ1/5
  こしょう ……… 少々
- ごま油 ……… 小さじ1

献立ナビ

副菜
かぼちゃの煮物→P.132
汁物
かき玉汁→P.162

＼ここだけ守って！／
おいしい肉野菜炒めのポイント

脱！自己流

炒め物は200℃くらいの高温でさっと炒めましょう。
食材の水分がとび、うまみがぎゅっと濃縮されます。

定番12品練習帖

肉野菜炒め

ポイント1
炒め物は常に強火でさっと炒めること。調味料も必ず合わせておいて

食材に当たる火力にむらが出ないよう、フライパンに油をしっかり熱して炒めるのが、シャキッと仕上がるコツ。手早く調理できるよう、調味料はあらかじめ合わせておきましょう。

ポイント2
野菜はレシピ通りの切り方で

火が均一に通る切り方を紹介しているので、レシピ通りに切りましょう。また、野菜は入れるタイミング別にバットを分けておくとよいでしょう。

ポイント3
肉に下味と片栗粉でうまみをとじ込めて

肉は味がしみ込むのに時間がかかります。先に下味をつけることで、味をなじませて。片栗粉でうまみをとじ込めるのもポイント。

Q 自己流でありがち…

全体的に水っぽく、べちゃっとしてしまいます。

 A 脱・自己流で解決！
味つけは野菜に火が通ったあとにしましょう。
途中で味つけをすると、野菜から水けが出てべちゃっとなってしまいます。

肉と野菜を切る

1
豚肉はひと口大に切り、**A**をもみ込んでおく。

脱!自己流 ポイント3

下味をつけることで肉がやわらかくなり、うまみもアップします。

2
玉ねぎは太めのせん切り（→P.15-13）にする。

3
にんじんは短冊切り（→P.15-12）にする。

4
ピーマンは太めのせん切りにする。

5
キャベツは大きめのざく切り（→P.14-9）にする。

6
もやしはひげ根を取る。

脱!自己流 ポイント2

野菜はかたいもの、やわらかいものを時間差で加えるので、あらかじめバットを分けておくとスピーディに炒めることができます。

肉と野菜を炒める

強火

7
フライパンにサラダ油を入れて**強火**で熱し、**1**の豚肉、にんにく、しょうがを入れて炒める。

作り方

調味する

8 豚肉にこんがりと焼き目がついたら、**2**、**3**を一緒に加えて**1分**ほど炒め合わせる。

強火

9 **8**に**4**、**5**、**6**を一緒に加えてさらに炒める。火の通りやすい野菜は<u>あとから加えて</u>、さっと炒めて。

強火

強火

シャキッとおいしく仕上げるために、常に強火で手早く炒めましょう。

脱！自己流 ポイント1

10 **B**、**C**を回し入れて<u>水分をとばす</u>ようにして炒める。

強火 / 強火

プラスα

調味料を先に加えると野菜から水けが出てしまうので、最後に加え、手早く混ぜ合わせましょう。

11 ごま油を回し入れ、香りを立たせて仕上げ、器に盛る。

強火

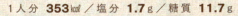

Arrange Recipe アレンジレシピ

エスニック風肉野菜炒め

1人分 **353**kcal ／ 塩分 **1.7**g ／ 糖質 **11.7**g

材料（2人分）

豚ロース薄切り肉、玉ねぎ、にんじん、ピーマン、キャベツ、もやし、にんにく、しょうが
　………「肉野菜炒め」と同量
サラダ油……………………大さじ1
赤唐辛子（斜め切り→P.15-11）…½本
A（混ぜておく）
├ ナンプラー…………小さじ2強
├ 酒……………………小さじ2
└ こしょう……………………少々
ごま油………………………小さじ1

作り方

1 豚肉、野菜は「肉野菜炒め」と同様に切る。豚肉は塩、こしょう各少々（分量外）をもみ込んでおく。

2 フライパンにサラダ油を入れて**強火**で熱し、豚肉、にんにく、しょうが、赤唐辛子を加えて炒め、肉がこんがりと焼けたら、玉ねぎ、にんじんを加えて炒め合わせる。

3 キャベツ、もやし、ピーマンを加えてさらに炒め、**A**を加えて水分をとばし、ごま油を回し入れる。

えびフライ

えびはしっかり筋切りすると、小さく縮まらず、プリプリの仕上がりに。

1人分 **375**kcal／塩分 **1.4**g／糖質 **10.8**g

材料（2人分）
- えび（殻つき）……… 8尾
- 塩、こしょう……… 各少々

[衣]
- 小麦粉、パン粉……… 各適量
- 卵……… ½個
- サラダ油……… 小さじ½
- 揚げ油……… 適量

[タルタルソース]
- マヨネーズ……… 大さじ3
- 玉ねぎ（みじん切り→P.15-14・水けを絞る）……… 大さじ½
- ゆで卵（粗く刻む）……… ½個分
- 砂糖……… 小さじ¼
- 塩、こしょう……… 各少々

[つけ合わせ]
- キャベツ……… 2枚

献立ナビ
副菜
きゅうりとたこの酢の物→P.139
汁物
けんちん汁→P.162

脱！自己流 おいしいえびフライのポイント

〈ここだけ守って！〉

えびフライのポイントはなんといっても下処理です。背ワタを抜く、筋をのばす、尾から水けをしごき出す、この3つは省略せずに行いましょう。

ポイント1
えびは筋を しっかりとのばすと 縮まらず、 きれいな揚げ上がりに

えびは下ごしらえをきちんとすることで、形も食感もよくなるのでこのひと手間を惜しまないようにしましょう。えびが丸まって縮むのを防ぐために、筋をしっかりとのばしてください。

ポイント2
衣は卵液に油を加えるのがポイント

衣の密着度を上げるために卵液に油を加えます。小麦粉はまんべんなく、パン粉はおさえるようにしっかりまぶして。

ポイント3
えびフライは高温でさっと揚げて

えびは火を通しすぎないよう、高温でさっと揚げましょう。あまりいじると衣がはがれやすくなるので返す回数は少なめに。

Q 自己流でありがち…
油がはねるのが怖くて揚げ物が苦手です。

A 脱・自己流で解決！
えびの尾先にたまった水が油はねの原因となるので、尾先のとがった部分を切り落とし、水をしっかりしごき出しましょう。

作り方

下準備をする

1
キャベツはせん切り（→P.15-13）し、冷水にさらしておく。

2
えびは背側の2～3節目に竹串を刺して背ワタを取り、尾を残して殻をむく。

3
えびの尾先のとがった部分を切り落とし、包丁の先で水をしごき出す。

4
腹側の筋に沿って、数か所切り目を入れて、背側から押して筋をのばす。

プチプチ！

脱！自己流　ポイント1

きちんと筋をのばしておくと、揚げたときに丸くかたまらずきれいな形に揚がります。

5
4に塩、こしょうをして下味をつけ、しばらくおく。

6
下味をつけている間にタルタルソースの材料をボウルに入れて混ぜ合わせる。

衣をつける

7
5のえびの尾を持ち、小麦粉を全体に薄くまぶす。

8
卵を溶いて、サラダ油を加えてよく混ぜたものに7をくぐらせる。

脱！自己流　ポイント2

卵液にサラダ油を混ぜ合わせると、卵のコシがなくなり、からみやすくなります。

定番12品練習帖　えびフライ

9
8にパン粉をおさえるようにしてつける。

揚げる

10
フライパンに揚げ油を入れて180℃に熱し、9を静かに入れる。

泡の量はシュワッと出るくらい。衣がはがれやすくなるので、あまりさわらないようにしましょう。

ポイント3 脱！自己流

11
2分〜2分30秒揚げてバットに取り出す。

180℃

揚げ上がりのめやすはきつね色になるくらいです。

ポイント3 脱！自己流

盛りつける

12
器に11、水けをきった1を盛り、6のタルタルソースを添える。

Arrange Recipe アレンジレシピ

かきフライ

1人分 **333** kcal ／ 塩分 **1.7** g ／ 糖質 **14.3** g

材料（2人分）
- かき ……………………… 200g
- 塩 …………………………… 適量
- こしょう …………………… 少々
- [衣] ……… 「えびフライ」と同量
- 揚げ油 ……………………… 適量
- [つけ合わせ]
- キャベツ（せん切り・冷水にさらす）
  ………………………………… 2枚分
- レモン（くし形切り→P.14-6）… 適量

作り方

1. かきは塩をふり、軽く混ぜ合わせて流水で2回洗い、水けをしっかりきって、さらにふき取る。
2. 1のかきにこしょうをふり、「えびフライ」と同様に衣をつける。
3. 2のかきを180℃に熱した揚げ油でさっと揚げてバットに取り出し、器にキャベツ、レモンとともに盛る。

チキンカレー

玉ねぎをあめ色に炒めるとうまみ、甘み、コクがグンとアップ。強火→弱火でじっくり炒めて。

1人分 **742**kcal／塩分 **3.9**g／糖質 **93.0**g

材料（2人分）

- 温かいごはん ……… 茶わん2杯分
- 鶏もも肉 ………………………… 1枚
- A カレー粉 ………………… 小さじ1
  - 塩 …………………………… 小さじ1/6
  - こしょう …………………………… 少々
- 玉ねぎ、じゃがいも …… 各1個
- セロリ ………………………… 1/4本
- にんにく、しょうが …… 各1/2片
- にんじん ……………………… 1/3本
- サラダ油 ………………… 小さじ1
- バター ………………………… 大さじ1
- B ローリエ ………………………… 1枚
  - シナモンステック、コリアンダーシード、クミンシード、クローブ、こしょう … 各少々
- カレー粉 ………………… 大さじ1・1/2
- C トマト水煮缶 …… 1/2缶（200g）
  - プレーンヨーグルト … 大さじ4
  - 水 ………………………………… 200ml
- D トマトケチャップ …… 大さじ1
  - しょうゆ、ウスターソース
    ………………………… 各大さじ1/2
  - 塩 …………………………… 小さじ1/3
- ガラムマサラ ………………… 小さじ2
- 塩、こしょう ………………… 各少々

献立ナビ

副菜 1
アボカドサーモンサラダ→P.146
副菜 2
ピクルス→P.144

おいしいチキンカレーのポイント

ここだけ守って！ 脱！自己流

家で作るカレーはちょっと手をかけるとグンとおいしさがアップします。玉ねぎはじっくり炒めて、鶏肉をいったん取り出すのもポイント。

ポイント1
よく耳にする「あめ色」とはべっこうあめのような色のことです。弱火でじっくり炒めて

玉ねぎは初めは強火でしんなりさせたら、あとは焦がさないように、弱火で30分ほど炒めましょう。うまみ、甘み、コクが増し、香ばしい香りづけにもなります。

ポイント2
鶏肉はこんがり焼いていったん取り出す

鶏肉には下味をつけて焼き目をつけたら一度取り出しましょう。煮込んで肉がかたくなるのが防げます。

ポイント3
弱火でことことじっくり煮ましょう

具材と調味料を入れたら、弱火でじっくり煮込みましょう。この間に煮汁と具材の成分が融合し、うまみが増します。

Q 自己流でありがち…
スパイスが手に入らないのですが…。

>>

A 脱・自己流で解決！
手に入らないものは省略してもかまいませんが、ローリエは入れてください。肉の臭みを消してくれます。

作り方

肉と野菜を切る

1 鶏肉はひと口大に切り、**A**を加えてもみ込み、しばらくおく。

2 玉ねぎ、セロリ、にんにく、しょうがはみじん切り（→P.15-14）にする。

3 じゃがいもはひと口大に切って水にさらし、にんじんは2〜3cmの長さの棒状に切る。

肉を焼く

4 鍋にサラダ油を入れて**強火**で熱し、**1**の鶏肉を入れて両面に焼き目をつけて、一度取り出す。

強火

🔥 脱！自己流 ポイント2

鶏肉は表面をこんがりと焼いて取り出すことで、うまみが出てしまうのを防ぎます。

ルウを作る

強火 ↓ **弱火**

5 **4**の鍋にバターを入れて**強火**で熱し、**2**の玉ねぎを加えて炒め、しんなりしたら**弱火**にして、**あめ色**になるまでじっくり炒める。

🔥 脱！自己流 ポイント1

玉ねぎは30分くらいじっくり炒めて。うまみ、甘み、コク、香ばしさが増します。

強火

強火

6 **5**の鍋に、**2**のにんにく、しょうが、セロリを加えて**強火**で炒め、さらに**B**を加えて混ぜ、カレー粉を加えて炒める。

煮込む

9 8にじゃがいも、にんじんを加える。
強火

6にCを順に加えてよく混ぜながら**強火**で煮立てる。

10 Dを順に加え、<u>ふたをして**弱火**で15～20分煮る。</u>

強火 ↓ **弱火**

脱！自己流 ポイント3
調味料を入れたら、<u>弱火でコトコト煮込みます</u>。
ガラムマサラは香りづけのために、最後に加えましょう。

8 7が煮立ったら、4の鶏肉を戻し入れる。
強火

11 ガラムマサラを加えて**10分**ほど煮て、塩、こしょうで味を調え、温かいごはんとともに器に盛る。
弱火

Arrange Recipe アレンジレシピ

スープカレー

1人分 **504**kcal ／ 塩分 **4.4**g ／ 糖質 **36.2**g

材料（2人分）
「チキンカレー」のCの水を450㎖に変える
固形コンソメスープの素 ……… ½個
エリンギ ………………… 1本
パプリカ（赤）…………… ¼個
オリーブ油 ……………… 小さじ1

作り方
1 「チキンカレー」と同様の手順でカレーを作り、7で水を入れたあとに、コンソメスープの素を加え、8以降同様に煮る。
2 エリンギは縦4等分に切り、パプリカは乱切り（→P.14-5）にし、オリーブ油を**中火**で熱したフライパンでさっと炒める。
3 1のスープカレーにエリンギ、パプリカを加えて器に盛る。

ロールキャベツ

キャベツは水圧を使うと1枚ずつきれいにはがせます。小さい葉も重ねて使ってボリュームアップ。

1人分 **363**kcal ／塩分 **2.1**g ／糖質 **12.7**g

材料（2人分）

- キャベツ……………………6枚
- 合いびき肉………………150g
- A 溶き卵………………½個分
- 　塩………………小さじ⅙
- 　こしょう、ナツメグ…各少々
- 玉ねぎ………………………30g
- 塩、こしょう……………各適量
- ベーコン（4等分にする）…2枚

[煮汁]
- 水……………………300㎖
- 固形コンソメスープの素……½個
- ローリエ……………………1枚
- バター………………小さじ2
- 塩、こしょう……………各少々

献立ナビ
副菜
いかのマリネサラダ→P.146

\ ここだけ守って！ /

脱！自己流 おいしいロールキャベツのポイント

ロールキャベツはキャベツの甘みとやわらかさが命。それを堪能するには、はがし方や巻き方にコツがあります。

ポイント1
キャベツは水圧を使ってはがすと破れずにはがせます

根元を切り、芯を離さないと葉がきれいにはがれないので、芯の横に切り込みを入れ、そこに流水を流し込むようにして、水圧の力で1枚ずつはがします。こうすると大きくきれいな形でパカッとはがせます。

ポイント2
キャベツは1枚半使ってボリュームアップ

キャベツは大きい葉に小さい葉を半分に切ったものを重ねて破れにくく。芯は平らになるようそいで、一緒に煮ましょう。

ポイント3
肉はふんわりと、混ぜすぎないのがコツ

ロールキャベツのたねはふんわりと軽く混ぜましょう。混ぜすぎると煮込んだときにかたくなってしまいます。

Q 自己流でありがち… 煮くずれてキャベツがはがれてしまいます。

A 脱・自己流で解決！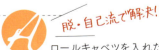

ロールキャベツを入れたとき、すきまができないように、<u>直径18cmくらいの鍋</u>で煮ましょう。鍋が大きすぎると具材が動いて煮くずれの原因になります。

作り方

キャベツをゆでる

1 キャベツはやぶらないように1枚ずつはがす。

脱！自己流 ポイント1

芯の脇に深く切り込みを入れ、水圧の力を使うときれいにはがれます。

2 鍋に湯を沸かし、**1**のキャベツをやぶらないように入れて、**1分**ほどゆでて取り出す。

中火　鮮やかな緑になるまで

3 キャベツの芯を平らになるようにそぎ、水けをふく。

プラスα

このときそいだ芯は、ロールキャベツと一緒に煮るので、捨てないようにしましょう。

たねを包む

4 ボウルにひき肉を入れて、**A**を加えて混ぜ合わせる。

5 玉ねぎはみじん切り（→P.15-14）して、**4**に加えて混ぜ合わせる。

脱！自己流 ポイント3

ロールキャベツは煮込んだときにかたくならないよう、ふんわりと混ぜ合わせましょう。

6 キャベツ1枚に半分に切ったキャベツを1つずつ重ね、内側に塩、こしょう各少々をそれぞれふる。

脱！自己流 ポイント2

小さなキャベツの葉は半分に切って大きな葉と重ねることで、無駄にならず、キャベツがたっぷり食べられます。

7 **6**のキャベツの上に、俵形に成形した**5**のたねをのせる。

量はこれくらい！

9
8の巻き終わりがくずれないようにおさえながら、つまようじでとめる。

8
7を手前（芯側）からくるりと巻き、両脇を内側に折りたたんでからふたたびくるりと包む。キャベツにすきまができないようにぴっちりと包むこと。

煮込む

10
鍋に9を並べ、水、刻んだコンソメスープの素、3のキャベツの芯、ベーコン、ローリエ、バターを入れてふたをして中火にかけ、煮立ったら弱火にして20分ほど煮る。

11
塩、こしょうで味を調えて、器に盛る。

Arrange Recipe アレンジレシピ

トマトロールキャベツ

1人分 **373** kcal ／ 塩分 **2.7** g ／ 糖質 **14.2** g

材料（2人分）
ロールキャベツ、[煮汁]
　　……「ロールキャベツ」と同量
トマト水煮缶（カットタイプ）
　　……¼缶（100g）

作り方
1 「ロールキャベツ」と同様に9まで作り、10で煮汁が煮立ったら弱火にして10分煮る。
2 トマト水煮缶を加えて、ふたをしてさらに弱火で10分煮る。
3 塩、こしょうで味を調える。

ぶり大根

ぶりに熱湯をかけて霜降りに。このひと手間で臭みがなくなり、煮くずれにくくなります。

1人分 **338**kcal／塩分 **2.2**g／糖質 **12.3**g

材料（2人分）
- ぶり（切り身）……… 2切れ
- 塩 ………………………… 少々
- 大根 …………………… 300g
- しょうが ………………… 1片

[煮汁]
- A 水 …………………… 100㎖
-   酒 …………………… 50㎖
-   しょうゆ ………… 大さじ2½
-   砂糖、みりん …… 各大さじ1
- B 水 …………………… 100㎖
-   昆布 ………………… 5cm

献立ナビ
副菜
彩ナムル→P.145
汁物
かき玉汁→P.162

ここだけ守って！ 脱！自己流 おいしいぶり大根のポイント

ぶりの臭みが残っているとおいしさが半減。しみ出た水分をふき取り、お湯をかけて酸化した脂を落とすことで臭みが取れます。

ポイント1
ぶりは塩をふって、熱湯をかけて霜降りにします

ぶりは塩をふって30分ほどおき、水けが出たら熱湯をかけて霜降り（臭みの素となる脂や血合い、ぬめりを落とす下処理）に。臭みがなくなり、煮くずれしにくくなります。

ポイント2
大根は隠し包丁を入れて味をしみ込ませて

大根は、繊維に垂直に切り込み（隠し包丁）を入れておくと、中まで味がよくしみます。

ポイント3
ぶりは一度煮たら取り出します

ぶりは長く煮るとかたくなるので、煮汁で一度煮て、取り出しましょう。ふっくらやわらかく仕上がります。

Q 自己流でありがち…
ぶりが生臭くなってしまうのですが…。

A 脱・自己流で解決！
ぶりはきちんと霜降りをしましょう。煮汁にしょうがを入れること、薄口ではなく濃口しょうゆを使うのも臭み消しの効果があります。

作り方

下準備をする

1
大根は2cm厚さの半月切り（→P.14-2）にし、繊維に垂直に隠し包丁をして鍋に入れ、かぶるくらいの水を入れて、水から15分ほど弱火で下ゆでする。

脱！自己流 ポイント2
隠し包丁を入れることで煮汁がしみ込みます。大根はかぶるくらいの水で、弱火でゆでましょう。

2
ぶりはひと口大に切り、しょうがはせん切り（→P.15-13）にする。

3
ぶりはざるにおいて塩をふり、30分ほどおく。

4
水けが出たら熱湯をかけ、霜降りにする。

脱！自己流 ポイント1
熱湯をかけて、表面が白っぽくなるのが霜降り。煮くずれを防ぎ、臭みを取り除きます。

ぶりを煮る

5
鍋にAをすべて入れて中火にかけて、煮立ったら、しょうがと4のぶりを加える。

6
落としぶたをして、中火で5〜6分煮る。落としぶたは蒸気を逃がす穴をあけたアルミホイルを、鍋の形に合わせたものでOK。

ぶりを取り出す

7
6の鍋から一度ぶりを取り出す。

脱！自己流 ポイント3
一度ぶりを取り出すことで、ぶりに火が通りすぎずふっくらやわらかく煮上がります。

定番12品練習帖　ぶり大根

煮込む

8 7の鍋にB、1の大根を加え、落としぶたをして中火にかける。
（中火）

9 煮立ったら弱火にして、大根に箸がスッと通るようになるまで煮る。
（弱火）

11 中火でふたをしないで5分ほど煮て、器に盛る。
（中火）

10 中火にし、9の鍋にぶりを戻し入れる。
（中火）

プラスα
軽く煮詰まり、ぶりと大根に照りが出てくるまで煮ましょう。

Arrange Recipe　アレンジレシピ　いか大根

1人分 **176**kcal ／ 塩分 **2.9**g ／ 糖質 **11.6**g

材料（2人分）
いか ……………………… 1杯
大根 ……………………… 300g
しょうが（せん切り）……… ½片分
[煮汁]
A ┌ 水 ………………… 100mℓ
　├ 酒 ………………… 50mℓ
　├ しょうゆ ………… 大さじ2½
　└ 砂糖、みりん …… 各大さじ1
水 ………………………… 200mℓ

作り方
1 いかは内臓を取って、胴は輪切り（→P.14-1）にし、足は食べやすく切る。
2 大根は乱切り（→P.14-5）にし、下ゆでする。
3 鍋にAをすべて入れて中火にかけ、煮立ったら、1のいか、しょうがを加え、混ぜながら煮る。
4 3分ほど煮たらいかを取り出し、2の大根と水を加えて煮立ったらふたをして15分ほど煮る。
5 煮上がりにいかを戻し、さっと温めて器に盛る。

肉じゃが

調味料を先に入れたら、ふたをして弱火で20分。煮くずれの原因となるので煮込みすぎには注意しましょう。

1人分 **398** kcal ／塩分 **2.3**g ／糖質 **40.5**g

材料（2人分）

- 牛切り落とし肉 …………… 100g
- じゃがいも ………………… 2個
- しらたき …………………… 100g
- 玉ねぎ ……………………… ½個
- にんじん …………………… ½本
- サラダ油 …………………… 小さじ2

[煮汁]
- だし汁 ……………………… 200㎖
- 酒 …………………………… 大さじ1
- 砂糖 ………………………… 大さじ1½
- しょうゆ …………………… 大さじ2

献立ナビ

副菜1
だし巻き卵→P.78
副菜2
さやいんげんのごまみそあえ→P.137

定番12品練習帖

肉じゃが

ここだけ守って！

おいしい肉じゃがのポイント

肉じゃがは煮くずれたり、味がしみていないとちょっとがっかり…。
ちょっとしたコツを守ればホクホクの仕上がりになりますよ。

ポイント1

最初は具材を炒め、煮汁の材料を入れたらふたをして弱火で20分煮込みます

煮くずれを防ぐため、最初は具材を炒めます。煮汁の材料を入れたあとは、弱火で20分。この間に素材のうまみが煮汁に溶け込んで、おいしい肉じゃがに。煮すぎるとじゃがいもが煮くずれするので注意しましょう。

芯は残す

ポイント2

具材の大きさ、切り方はレシピ通りに

煮くずれを防ぐために、具材の大きさや形はレシピ通りに切りましょう。玉ねぎはバラバラにならないよう、芯を残して切りましょう。

ポイント3

あく抜きはしっかりと

あくを抜かずに調理すると、肉の臭みが出ておいしさが半減してしまいます。あく抜きは省略せず行いましょう。

自己流でありがち…

牛肉が鍋にはりついてしまいます。

≫

脱・自己流で解決！

鍋底が十分に温まっていないと肉がはりついてしまうので、玉ねぎを先に炒めて、鍋が温まり、油分がまわってから炒めるとよいでしょう。

作り方

具材を切る

1 牛肉はひと口大に切る。

脱!自己流 ポイント2

ひと口大とはひと口で食べられる大きさのことで、3cm四方がめやす。

実寸はこれくらい！

2 しらたきは熱湯でさっと下ゆでして粗熱をとり、食べやすい大きさに切る。

3 玉ねぎは4等分のくし形切り（→P.14-6）、にんじんは乱切り（→P.14-5）、じゃがいもは1個を3等分に切り、水に20分ほどさらす。

脱!自己流 ポイント2

実寸はこれくらい！

野菜と肉を炒める

中火

4 鍋にサラダ油を入れて中火で熱し、3の玉ねぎを入れて油がまわるまで炒める。

中火

5 1の牛肉を加えて、肉をくずさないように軽く炒める。

中火

6 3のにんじん、じゃがいもを加えて炒め合わせる。

煮込む

強火

7 だし汁を注ぎ入れて、強火にして煮立たせる。

定番12品練習帖 肉じゃが

10 2のしらたきを加え、さっと混ぜ合わせる。 強火

8 酒、砂糖、しょうゆを順に加える。 強火

11 ふたをして弱火で20分ほど煮る。 弱火

強火

脱！自己流 ポイント1
かき混ぜると煮くずれの原因になるので、さわらずに弱火で煮込みましょう。

9 8の煮汁が煮立ったらあくをすくう。 強火

脱！自己流 ポイント3
あくが残ると苦みが出るので、省略せずにきちんと行いましょう。

Arrange Recipe アレンジレシピ　キムチ肉じゃが

1人分 **381**kcal ／ 塩分 **2.1**g ／ 糖質 **38.2**g

材料（2人分）
白菜キムチ ………………… 80g
豚切り落とし肉 …………… 100g
じゃがいも、玉ねぎ、にんじん
　………… 「肉じゃが」と同量
にんにく（薄切り→P.14-4）
　………………………… ½片分

[煮汁]
だし汁 ……………………… 150mℓ
酒、しょうゆ ………… 各大さじ1
砂糖 ………………………… 小さじ1

ごま油、白いりごま …… 各小さじ2

作り方
1　豚肉はひと口大、玉ねぎはくし形切り、にんじんは乱切り、じゃがいもはひと口大に切って水にさらす。キムチはざく切り（→P.14-9）にする。
2　鍋にごま油を強火で熱し、にんにく、玉ねぎ、豚肉、キムチを炒める。
3　にんじん、じゃがいもを加えてさっと炒め、煮汁の材料すべてを順に加え、煮立ったらふたをして弱火で20分ほど煮て、ごまをふる。

豚汁

先に野菜を炒めて、甘みとコクをアップ。豚肉は炒めずに、あとから加えてやわらかく仕上げます。

1人分 **254** kcal ／ 塩分 **2.6** g ／ 糖質 **17.7** g

材料（2人分）

- 豚バラ薄切り肉 …………… 50g
- 大根 …………………… 100g
- にんじん ………………… 1/3本
- ごぼう …………………… 40g
- じゃがいも ……………… 小1個
- こんにゃく ……………… 60g
- 木綿豆腐 ………………… 1/4丁（75g）
- 長ねぎ（小口切り→P.15-10） ……… 5cm分
- サラダ油 ………………… 小さじ1
- だし汁 …………………… 500ml
- みそ ……………………… 大さじ2

献立ナビ
主菜
あじの塩焼き→P.104
副菜
小松菜と油揚げの煮びたし→P.137

定番12品練習帖　豚汁

ここだけ守って！
おいしい豚汁のポイント

根菜と豚肉を入れたら、弱火でじっくり20分ほど煮込みます。
肉と根菜のうまみがしっかり出て、滋味深い味わいに。

ポイント1
豚肉は炒めないで あとから加えて やわらかく、しつこくない仕上がりに

肉を先に炒めると、縮んでかたくなるので、野菜に火が通ったタイミングで加えるようにしましょう。野菜は先に強火で炒めて水分をとばし、甘みとコクを引き出します。

ポイント2
こんにゃくは塩もみして臭みを抜いて

こんにゃくは塩でもんで流水で洗い流すと、あくと臭みが抜けます。このひと手間は惜しまないようにしましょう。

ポイント3
みそは具材が煮えたら加えて香りを立たせて

みそは長時間煮たり煮立たせると風味を損なうので、具が煮えてから、火を弱めて溶き入れましょう。

自己流でありがち…
Q　「あく抜き不要こんにゃく」はそのまま使ってもいい？

 脱・自己流で解決！
A　そのまま使っても問題ないですが、「あく抜き不要」とあっても塩もみするか、さっとゆでてから使うとおいしさがアップします。

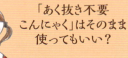

● 作り方

肉と野菜を切る

1
豚肉はひと口大に切る。

2
大根はいちょう切り（→P.14-3）、にんじんは半月切り（→P.14-2）にする。

3
ごぼうは厚めのささがき（→P.14-8）にして、水にさらす。

4
じゃがいもは皮をむいて4等分に切り、水にさらす。

プラスα
ごぼう、じゃがいもは色が黒ずむのを防ぐため水にさらします。

5
こんにゃくは手でちぎり、塩でもみ洗いする。

脱！自己流　ポイント2
手でちぎることで味がしみやすくなります。臭み抜きはしっかりと行いましょう。

野菜を炒める

6
鍋にサラダ油を入れて強火にかけ、2のにんじん、大根、3のごぼう、4のじゃがいも、5のこんにゃくを入れて炒める。

強火

野菜と肉を煮る

強火

7
6に油がまわったらだし汁を加えて、煮立ったら豚肉を1枚ずつ入れる。

脱！自己流　ポイント1
肉はあとから加えることで、縮んだりかたくなったりせず、やわらかく仕上がります。

定番12品練習帖　豚汁

8 豚肉からあくが出たらすくい取り、ふたをして弱火で20分ほど煮る。

10 9に長ねぎを加える。

9 器に煮汁を少し取って、みそを加え、混ぜながら少しずつ鍋に入れる。

脱！自己流　ポイント3

こしみそはこの方法で溶き入れましょう。つぶみそを使う場合はみそこし器を使って。

11 10に豆腐を手で割りながら加える。豆腐はこんにゃく同様手でちぎることで、味がなじみやすくなる。2〜3分弱火で煮たら器に盛る。

Arrange Recipe　アレンジレシピ　豆乳豚汁

1人分 **221** kcal ／塩分 **1.9** g ／糖質 **16.5** g

材料（2人分）
- 豚バラ薄切り肉 ············ 50g
- ごぼう ·················· 40g
- にんじん ················ ⅓本
- 大根 ··················· 100g
- じゃがいも ·············· 小1個
- こんにゃく ··············· 60g
- 長ねぎ（小口切り）········· 5cm分

[煮汁]
- だし汁 ················· 300㎖
- 豆乳 ··················· 200㎖
- みそ ··················· 大さじ1½

作り方
1. 「豚汁」を9まで同様の手順で作る。
2. 長ねぎ、豆乳を加え、強火でひと煮立ちさせて火を止める。

マカロニグラタン

バターと小麦粉をサラサラになるまで炒めて冷たい牛乳を少しずつ溶かします。これで、ダマ知らずのホワイトソースが完成！

1人分 **811** kcal ／ 塩分 **2.3** g ／ 糖質 **62.3** g

材料（2人分）

- マカロニ……………………100g
- オリーブ油…………………小さじ1
- 鶏むね肉……………………150g
- 塩、こしょう………………各少々
- 玉ねぎ………………………¼個
- マッシュルーム……………6個
- バター………………………小さじ2
- 白ワイン……………………大さじ1

[ホワイトソース]
- バター………………………大さじ2
- 小麦粉………………………大さじ3
- 牛乳…………………………600㎖
- 塩……………………………小さじ¼
- こしょう……………………少々
- ピザ用チーズ………………30g
- 粉チーズ……………………小さじ2

献立ナビ

副菜
グリーンサラダ→P.140
汁物
ミネストローネ→P.163

定番12品練習帖

マカロニグラタン

脱！自己流 ここだけ守って！ おいしいマカロニグラタンのポイント

ホワイトソースはやっぱり手作りが断然おいしい！
手順をしっかり守れば、クリーミーでなめらかなソースが作れます。

ポイント1
バターと小麦粉を炒めたらしっかり冷まし、牛乳で少〜しずつ溶きのばす

バターと小麦粉を炒めたものに一気に牛乳を入れるとダマになってしまいます。しっかり冷ましてから、牛乳を少しずつ加え、溶きのばします。

ポイント2
ソースは仕上げに上からかけて

2/3量は具材とからめ、残りの1/3量は最後に上からかけることで、とろりとなめらかなソース感が楽しめます。

ポイント3
表面を焦がすくらいに焼いて

具は事前に火を通しているので、仕上げは表面に焦げ目をつけるくらいでOK。具材が冷めると焼き時間がかかるので、注意しましょう。

Q 自己流でありがち… ゆでたマカロニがくっついてしまいます。

A 脱・自己流で解決！ マカロニはゆで、ざるにあげて水けをきったらすぐに<u>オリーブ油をからませる</u>とくっつきません。

作り方

肉と野菜を切る

1 鶏肉はひと口大の薄切り（→P.14-4）にし、塩、こしょうする。

2 玉ねぎは薄切り（→P.14-4）にする。

3 マッシュルームはさっと洗い、4つ切りにする

プラスα きのこは一般的に洗わないとされていますが、やはり流水で洗ったほうが泥などがよく取れます。

ホワイトソースを作る

4 鍋にバターを入れて弱火にかけて溶かし、小麦粉を加え、弱火で焦がさないように炒める。このとき、バターがふつふつしていると火が強いので、少し弱めて。

5 バターと小麦粉がよく混ざり、サラサラになったら火を止めて、しっかりと冷ます。

6 5を冷ましている間にマカロニをゆでる。マカロニはたっぷりの湯を沸かし、湯の1％の塩（分量外）を入れて表示時間通りにゆで、ざるにあげ、オリーブ油をからませる。

7 5が冷めたら牛乳を少量ずつ加えながら混ぜる。全量が混ざったら、塩、こしょうを加え、混ぜながら中火にかけ、ふつふつしたら、弱火で4〜5分煮る。

脱！自己流 ポイント！ 牛乳は少しずつ加えてその都度よく混ぜ合わせ、全体をなじませます。

グラタンを焼く

11 耐熱容器に10を入れ、残りのホワイトソースをかける。

脱!自己流 ポイント2

残り1/3量のソースを上からかけることで、なめらかなグラタンに仕上がります。

12 ピザ用チーズと粉チーズをかけ、200℃に予熱したオーブンで12〜13分焼く。

脱!自己流 ポイント3

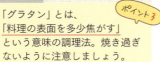

「グラタン」とは、「料理の表面を多少焦がす」という意味の調理法。焼き過ぎないように注意しましょう。

具材を炒める

8 フライパンにバターを溶かし、2の玉ねぎ、3のマッシュルームを入れて中火でしんなりするまで炒め、1の鶏肉を加えて炒め合わせる。

中火

9 8に白ワインを加えて、煮立ったら、6のマカロニを加える。

中火

10 9に7のホワイトソースを2/3量加え、よく混ぜ合わせる。

中火

Arrange Recipe アレンジレシピ

ポテトグラタン

1人分 **722**kcal / 塩分 **2.3**g / 糖質 **52.5**g

材料（2人分）
「マカロニグラタン」のマカロニをじゃがいも2個に変更し、マッシュルームをしめじ80gに変更する。

作り方
1 じゃがいもを1個ずつラップに包み、電子レンジで4分ほど加熱して皮をむき、輪切り（→P.14-1）にする。しめじは根元を落としてほぐす。
2 「マカロニグラタン」と同様に作り、9でマカロニをじゃがいも、しめじに変更し、同様に焼く。

だし巻き卵

卵がこびりついてしまう場合は、卵焼き器にたっぷりの油をなじませて。くっつかず、黄金色の卵焼きが完成！

1人分 **230**kcal ／塩分 **1.9**g／糖質 **5.7**g

材料（2人分）
- 卵 …………………………… 4個
- A（混ぜておく）
  - だし汁（冷ましたもの） ………………………… 大さじ5
  - 塩、しょうゆ ………… 小さじ⅓
  - みりん ……………… 大さじ1
- サラダ油 ………………… 適量

[つけ合わせ]
- 大根（すりおろす）………… 80g
- しょうゆ ………………… 適量

献立ナビ

主菜
野菜たっぷり回鍋肉（ホイコーロー）→P.113

汁物
あさりとにらのみそ汁→P.161

ここだけ守って！
おいしいだし巻き卵のポイント

「油ならし」をしておけば、新品のフッ素樹脂加工のようにくっつかない卵焼き器に。菜箸ひとつでするするっと上手に巻けるようになりますよ。

ポイント1
油をしっかりとなじませておけば卵がくっつかず、ふっくらきれいな卵焼きが完成

卵焼き器に油がなじんでいないと、卵がこびりついて上手に焼けません。油をたっぷり入れて油ならしをしっかりすることで、手早くきれいに焼くことができます。

ポイント2
卵は白身を切るように溶き混ぜる

卵は混ぜすぎるとコシがなくなり、ふんわりと仕上がらないので、白身を切る程度にさっと混ぜましょう。

ポイント3
手早く焼いて形は巻きすで仕上げて

卵焼きは強火で一気に焼くとふわっと仕上がります。形は最後に巻きすで整えるくらいの気持ちでOK。

自己流でありがち…
フライ返しを使わないとうまくひっくり返せません。

脱・自己流で解決！
きちんと油ならしをすれば、菜箸でするっと巻けるようになります。弱火で焼くとこびりつくので、**強火で焼く**のもポイント。

作り方

卵液を作る

1 卵はひびが入らないよう平らな所で打ちつけてボウルに割り入れ、白いひも状のカラザを取り除く。

2 卵を菜箸で溶きほぐし、Aを混ぜる。

脱!自己流 ポイント2

卵は白身を切るようにさっと混ぜると、コシが残りふんわりと仕上がります。

油ならしをする

3 卵焼き器にサラダ油をたっぷり入れて、中火にかけてよくなじませる。

4 かたく絞った濡れふきんの上において油を冷ます。

脱!自己流 ポイント1

これを2〜3回くり返すことで、卵焼き器に油がなじみ、卵がこびりつかず焼けます。

5 4の油を器にあける。この油は卵を焼いているときに使う。卵焼き器に残った余分な油はペーパータオルでふき取る。

卵を焼く

6 卵焼き器を強火で熱し、2の卵液をおたま1杯分を流し入れる。弱火にするとこびりつきやすくなるので、強火で手早く焼くこと。

7 卵に火が入り、気泡ができてきたら、菜箸で気泡をつぶす。

定番12品練習帖

だし巻き卵

Arrange Recipe アレンジレシピ

関東風卵焼き

1人分 **242**kcal ／ 塩分 **1.7**g ／ 糖質 **10.8**g

材料（2人分）
- 卵　　　　　　　　　　4個
- A（混ぜておく）
  - 砂糖　　　　　　大さじ2
  - 塩　　　　　　　小さじ1/3
  - しょうゆ　　　　小さじ1/4
  - みりん　　　　　小さじ1
  - だし汁　　　　　大さじ4
- サラダ油　　　　　　　適量

作り方
1. 卵を割りほぐし、Aを加えて混ぜ合わせて卵液を作る。
2. 卵焼き器に1を流し込み、「だし巻き卵」と同様に巻きながら焼く。

たらことねぎの卵焼き

1人分 **264**kcal ／ 塩分 **2.4**g ／ 糖質 **10.9**g

材料（2人分）
- 卵、A
  …「関東風卵焼き」と同量
- たらこ（ほぐしておく）…30g
- 万能ねぎ（小口切り→P.15-10）
  …4本分

作り方
1. 「関東風卵焼き」と同様に卵液を作り、たらこ、万能ねぎを混ぜ合わせる。
2. 卵焼き器に1を流し込み、巻きながら焼く。

チーズとのりの卵焼き

1人分 **301**kcal ／ 塩分 **2.2**g ／ 糖質 **11.0**g

材料（2人分）
- 卵、A
  …「関東風卵焼き」と同量
- 焼きのり　　　　　　　1枚
- スライスチーズ　　　　2枚

作り方
1. 「関東風卵焼き」と同様に卵液を作る。
2. 卵焼き器に1を流し込み、のり、チーズをのせて巻きながら焼く。

8 焼けてきた卵の端をつまみ、起こすようにして奥から手前に巻く。

9 奥の空いたところに5で器にあけた油をペーパータオルでひいてから、焼けた卵を奥に戻す。

10 手前の空いたところに卵液を流し込み、焼けた卵を持ち上げて下にも卵液を流し入れる。8と同様に奥から手前に巻いていき、これをあと2〜3回くり返す。

11 卵焼きが焼けたら、巻きすで包んで形を整える。冷ましてから切って器に盛り、大根おろしを添え、しょうゆをたらす。

巻きすの代わりに、ラップやアルミホイルで包んでもOK！

脱！自己流 ポイント3

Rank up!

おいしそうに見える 盛りつけのコツ

食卓に並ぶまでが調理。見た目よく、きれいに盛ることが、おいしい料理作りの最後のポイントです。彩りやバランスを考えて、お料理をよりよく見せてくれる器やカトラリーを選んで盛りつけましょう。

これが盛りつけのコツ！

① 彩りよく盛る
食材の色のバランスをとりながら盛りつける。ひとつの具材が重ならないように盛り、色みの足りない料理には、緑の野菜やハーブを添えるとよい。

② こんもりと高く
煮物などは、基本的にこんもりと高さを出して立体的に盛るとおいしそうに見える。たくさん盛りすぎず、器の余白を残すとすっきりとした印象に。

③ 具を見せて盛る
シチューやスープなど、特に汁の多い料理の場合、具が沈んでいるとさみしい印象に見えるので、液面から具が見えるように盛るとよい。

④ 麺はふわっと盛る
麺類は一度にたくさん盛ろうとせず、少量ずつとって2〜3回で盛るイメージで。少量ずつ取り、器の中央に円を描くように山高に盛るときれいに見える。

なるほど！

NG盛りとOK盛り

NG
- つけ合わせとくっつきすぎて窮屈
- メインよりもつけ合わせの方が多い
- ソースのかけ方が雑
- ハンバーグが右に寄りすぎている

OK！
- つけ合わせの色のバランスがよい
- 余白がバランスよく上品に見える
- ソースのかけ方がきれい
- 器にゆとりがあって食べやすい

Rank up!

おいしそうに見える盛りつけのコツ

料理別のOK盛り

OK!

煮物

食材の色のバランスをよく、こんもりと高さを出しながら盛る。

OK!

パスタ

パスタはトングで巻きながら、少し高さを出して盛るときれいに見える。

OK!

汁物

具だくさんのスープは液面から具が見えるように盛るとおいしそうに見える。アクセントにトッピングをのせても。

OK!

焼き魚

頭を左に腹側を手前にして盛る。薬味は右手前におくのが和食のきまり。

似ているけど違う調理用語

一見似ているけどまったく違う意味を持つ調理用語はけっこうあります。
二つの用語の違いを知っておきましょう。

鍋ぶた & 落としぶた

「鍋ぶた」は、煮込み料理などの際、鍋の中の熱が外に逃げないようにするために使い、「落としぶた」は煮汁が全体にまわるようにしたり、煮くずれを防いだりするために使う。

ひと煮立ち & ひと煮する

「ひと煮立ち」は、強火で煮汁を沸騰させたらひと呼吸おいてすぐに火を止めることで、かつおだしをとるときなどに使う言葉。「ひと煮」は、ほんの短時間煮ることで、卵とじなどを半熟状に仕上げるときなどに使う。

味を含ませる & 味をなじませる

「味を含ませる」とは煮物などを火を止めてからゆっくり時間をかけて、煮汁を素材に浸透させること。「味をなじませる」とは、下味やあえ物などで、材料に味つけが均一になじむように少しおくことを指す。

ゆでる & ゆがく

「ゆでる」は熱湯で煮ること。パスタや卵、じゃがいもなどをゆでるときに使う。一方「ゆがく」は短時間でさっとゆでること。野菜などのあくを抜くため熱湯にくぐらせる程度のことを指す。

予熱 & 余熱

「予熱」とは、オーブンの温度を事前に上げておくこと。庫内の温度を均一に上げておくことで、焼きむらなどを防ぐ。「余熱」は、素材や料理が、加熱し終わってからもしばらく温かい状態のこと。余熱を利用してじっくり火を通す調理法もある。

湯通し & 油通し

「湯通し」とは材料を沸騰したお湯にさっとくぐらせ、あくや油、臭みを取ること。「油通し」とは、野菜や肉などを、140℃くらいの低温の油にくぐらせ、表面だけ熱を通して油をきり、炒めやすくする方法で、中華の炒め物などで使う。

脱！自己流

素材別メインディッシュ

Chapter 3

「料理できます！」と胸を張って言える

ここでは肉、魚介類、野菜、卵、豆腐と素材別メインディッシュの作り方を紹介します。定番おかずばかりなので、マスターすれば「料理上手！」とほめられること間違いなし。

豚肉のしょうが焼き

豚肉に**小麦粉**を薄くまぶしつけると味がからみやすく、肉汁を逃さずジューシーに仕上がります。

1人分 **375** kcal ／ 塩分 **1.8** g ／ 糖質 **12.2** g

材料（2人分）

- 豚ロース薄切り肉 ……… 200g
- A
  - 塩、こしょう ……… 各少々
  - しょうがの絞り汁 ……… 小さじ½
- 玉ねぎ ……… ¼個
- 小麦粉 ……… 少々
- サラダ油 ……… 小さじ2
- B（混ぜておく）
  - しょうゆ ……… 大さじ1
  - 酒 ……… 大さじ1½
  - 砂糖 ……… 小さじ2
  - おろししょうが ……… 1片分

[つけ合わせ]
- キャベツ（せん切り→P.15-13）……… 2枚分
- トマト（くし形切り→P.14-6）……… ¼個分

献立ナビ

副菜
キャロットラペ→P.**144**

汁物
えのきだけと大根と里いものみそ汁→P.**161**

素材別メインディッシュ／肉

豚肉のしょうが焼き

作り方

下準備をする

1 豚肉は**A**をふって下味をつける。

2 玉ねぎは太めのせん切りにする。バットに小麦粉を入れておく。

肉を焼く

3 フライパンにサラダ油を熱し、**1**に小麦粉をまぶしながら入れ、両面を焼いて取り出す。

強火

脱！自己流　ポイント1

豚肉は小麦粉を薄くまぶしながら広げて入れましょう。フライパンに入らないようだったら油とともに半量ずつ2回に分けて焼きます。

4 **3**のフライパンの余分な脂をペーパータオルでふき取り、サラダ油大さじ½（分量外）をひく。

中火

5 **4**のフライパンに**2**を入れて炒め、油がまわったら取り出した**3**を戻し入れる。

中火

脱！自己流　ポイント2

豚肉を一度取り出して戻すので、肉に火が通りすぎずやわらかく仕上がります。

味つけをする

6 **B**を加え、強火にして調味料をからめるように炒め合わせ、器に盛り、キャベツ、トマトを添える。

強火

Arrange Recipe アレンジレシピ

豚肉のみそしょうが焼き

1人分 **387**kcal ／ 塩分 **2.1**g ／ 糖質 **12.8**g

材料（2人分）
豚ロース薄切り肉………200g
A 塩、こしょう………各少々
　└ しょうがの絞り汁……小さじ½
玉ねぎ………………………¼個
小麦粉………………………少々
サラダ油…………………小さじ2
B みそ……………………大さじ1½
　│ 酒………………………大さじ1
　│ 砂糖……………………小さじ2
　└ おろししょうが…………1片分

作り方
1 豚肉は**A**で下味をつけ、混ぜ合わせた**B**に漬ける。
2 「豚肉のしょうが焼き」と同様の手順で焼き、器に盛ってせん切りにしたキャベツ2枚分（分量外）を添える。

チキンクリームシチュー

シチューに使うホワイトソースは**電子レンジを使う**と簡単。ダマにならず失敗知らず！

1人分 **450**kcal ／塩分 **1.9**g ／糖質 **43.8**g

材料（2人分）

- 鶏もも肉（ひと口大に切る）……小1枚
- 塩、こしょう……各少々
- 玉ねぎ（くし形切り→P.14-6）……½個
- じゃがいも（くし形切り→P.14-6）……2個
- にんじん（1cm厚さの輪切り→P.14-1）……½本
- ブロッコリー……60g
- サラダ油……小さじ2
- A 水……300㎖
  - 固形コンソメスープの素……¼個
  - ローリエ……1枚

[ホワイトソース]
- 小麦粉……大さじ2
- バター……大さじ1
- 牛乳……200㎖
- 塩、こしょう……各少々

献立ナビ

副菜 1
サーモンのカルパッチョ→P.127

副菜 2
コールスロー→P.143

素材別メインディッシュ／肉

チキンクリームシチュー

作り方

肉と野菜を切る

1 鶏肉、玉ねぎ、じゃがいも、にんじんは材料表通りに切り、鶏肉に塩、こしょうする。ブロッコリーは小房に分けさっとゆでる。

肉と野菜を炒める

2 鍋にサラダ油を入れて**中火**にかけ、鶏肉を炒める。

3 2に玉ねぎ、じゃがいも、にんじんを加えて炒め、Aを加えふたをし、**弱火**にして**15〜20分**煮る。

ホワイトソースを作る

4 耐熱容器に小麦粉、バターを入れラップなしで電子レンジで**40秒**加熱し、**よく混ぜて**から牛乳を加えて溶かす。

少しずつ加えながら混ぜて

脱！自己流 ポイント
少しずつ牛乳を加え、その都度混ぜ合わせるのがダマにならないポイント。

煮込む

5 3に4のホワイトソースを加えて**中火**にし、**ふたをしないで**混ぜながらとろみがつくまで煮る。

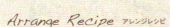

6 5にブロッコリーを加え、塩、こしょうで調味する。

Arrange Recipe アレンジレシピ

シーフードシチュー

1人分 **405** kcal ／ 塩分 **2.1** g ／ 糖質 **45.9** g

材料（2人分）

ほたて貝柱	80g
えび（殻つき）	各100g
塩、こしょう	各少々
玉ねぎ	½個
じゃがいも	2個
にんじん	½本
ブロッコリー	60g
サラダ油	小さじ1
A、[ホワイトソース]	
「チキンクリームシチュー」と同量	

作り方

1 えびは背ワタを取り、殻をむく。玉ねぎ、じゃがいも、にんじんは「チキンクリームシチュー」と同様に切る。ブロッコリーは小房に分けさっとゆでる。

2 ほたて、えびはサラダ油を熱したフライパンで**中火**でさっと炒め、塩、こしょうして取り出す。

3 「チキンクリームシチュー」の3から5までと同様の手順で作り、6でほたて、えびをブロッコリーとともに加え、塩、こしょう各少々（分量外）する。

とんかつ

きつね色に揚げたらバットに3分おいて。余熱で火を通すことで、肉がジュワッとやわらかい、理想の食感になりますよ。

1人分 **527** kcal／塩分 **1.3** g／糖質 **12.5** g

材料（2人分）

- 豚ロース厚切り肉 ………… 2枚
- 塩 ……………………… 小さじ1/5
- こしょう ……………………… 少々

[衣]
- 小麦粉、パン粉 ………… 各適量
- 卵 ……………………… 1/2個
- サラダ油 ……………… 小さじ1/2
- 揚げ油 ……………………… 適量

[つけ合わせ]
- キャベツ（せん切り→P.15-13・冷水にさらす）………… 2枚分
- とんかつ用ソース ………… 適量

献立ナビ

副菜
さやいんげんのごまみそあえ→P.137

汁物
豆腐とわかめのみそ汁→P.160

素材別メインディッシュ/肉 とんかつ

● 作り方

下準備をする

1 豚肉は筋の3〜4か所に包丁の刃先で切り目を入れる。

脱！自己流 ポイント1
筋切りすることで、肉が縮むのを防ぎます。

2 1の全体に塩、こしょうし、軽くなでてなじませる。

肉に衣をつける

3 小麦粉を全体にまぶし、余分な粉を落とす。

4 卵を溶いて、サラダ油を加えてよく混ぜ、3の肉にからめ、パン粉を全体に軽くおさえながらつける。

揚げる

170℃ → 160℃ → 180℃

5 フライパンに揚げ油を入れて170℃に熱し、4を油をかけながら2分揚げ、弱火にして温度を下げ、3分揚げる。返してさらに3分揚げ、強火にして油を180℃まで上げ、カラッと揚げる。

6 取り出してバットに立てかけ、3分ほどおいて余熱で火を通す。切り分けてキャベツと盛り合わせ、ソースを添える。

脱！自己流 ポイント2
ねかせると、とんかつから出た湯気で衣がべちゃっとなるので、バットに立てかけましょう。

Arrange Recipe アレンジレシピ　チキンかつ

1人分 **534**kcal ／ 塩分 **1.1**g ／ 糖質 **10.4**g

材料（2人分）
鶏むね肉‥‥‥‥‥‥‥‥‥1枚
塩、こしょう‥‥‥‥‥‥各少々
マスタード‥‥‥‥‥‥‥大さじ1
[衣]、揚げ油
　‥‥‥‥‥‥「とんかつ」と同量
[つけ合わせ]
キャベツ（せん切り）‥‥‥2枚分

作り方
1 鶏肉は厚みを半分に切り、それぞれ半分に切る。塩、こしょうして、マスタードを片面に塗る。
2 「とんかつ」と同様に衣をつけてカラッと揚げる。切り分けてキャベツとともに器に盛る。

青椒肉絲 (チンジャオロースー)

調味料を含ませておくことで、牛肉のうまみを凝縮！

献立ナビ
副菜　中華サラダ→P.145
汁物　わかめスープ→P.165

1人分 267kcal ／ 塩分 1.5g ／ 糖質 6.2g

材料（2人分）
- 牛もも肉（焼肉用）……150g
- A 片栗粉……………小さじ1
  - 酒、しょうゆ………各小さじ½
  - こしょう……………少々
- ピーマン………………4個
- 塩、こしょう…………各少々
- たけのこ（水煮）……50g
- にんにく………………¼片
- 長ねぎ…………………3cm
- サラダ油………………大さじ1
- B（混ぜておく）
  - 酒………………小さじ2
  - しょうゆ………小さじ1½
  - オイスターソース　小さじ1
  - 砂糖……………小さじ¼
  - ごま油…………小さじ½

作り方

1　下準備
牛肉、ピーマン、たけのこ、にんにく、長ねぎはせん切り（→P.15-13）にする。

2
牛肉にAを加えて混ぜ合わせる。

脱！自流　ポイント1　肉に水分がなくなるまでもみ込みましょう。

3　炒める
フライパンに半量のサラダ油を**強火**で熱し、ピーマンを炒め、塩、こしょうして取り出す。

4
残りのサラダ油を足して2を炒め、にんにく、長ねぎ、たけのこを加えて炒める。

5
4にBを加え、3を戻し入れて炒め合わせる。

脱！自流　ポイント2　水けが出るのを防ぐため、調味してからピーマンを戻します。

6
ごま油を回し入れて、さっと炒めて火を止める。

素材別メインディッシュ／肉

チンジャオロースー／豚の角煮

豚の角煮

豚肉は下ゆでしたあと煮汁ごと冷ませばしっとり仕上がります。

献立ナビ
副菜　きゅうりとたこの酢の物→P.139
汁物　ほうれん草と油揚げのみそ汁→P.161

1人分 **645**kcal ／ 塩分 **1.9**g ／ 糖質 **11.0**g

材料（2人分）
豚バラかたまり肉……300g
しょうが（薄切り→P.14-4）
　……½片分
長ねぎ（青い部分）……8cm

[煮汁]
A
│ 酒……………大さじ3
│ 砂糖、しょうゆ
│ 　……各大さじ2
│ 豚肉のゆで汁……400㎖
└ しょうが…………½片
B（混ぜておく）
│ 水…………小さじ3
└ 片栗粉………小さじ1½

[つけ合わせ]
さやいんげん（ヘタを切ってゆで、3等分に切る）
　…………40g
練りからし…………少々

作り方

1　下ゆで

鍋に豚肉、かぶるくらいの水（分量外）、しょうが、長ねぎを入れて**中火**にかける。煮立ったら、**弱火**で1時間半ゆでる。

脱！自己流　ポイント
豚肉は煮汁から出さずに冷蔵庫などで冷まします。

2

1が冷めたら、固まった表面の**脂を取り除く**。ゆで汁は**400㎖**取っておく。

3

ゆでた豚肉を4等分に切り分ける。

4　煮込む

Aを鍋に入れて煮立たせ、3を加えて、**弱火**で**1時間**ほどふたをしないで煮る。

5

Bを加えて**火を強めて**煮立たせ、とろみをつける。

6

器に盛り、さやいんげん、からしを添える。

鶏の照り焼き

フォークで穴を開けて肉の厚みを開くと、均一に味がしみ込みます。

1人分 297kcal ／ 塩分 2.4g ／ 糖質 8.3g

献立ナビ
副菜
彩ナムル→P.145
汁物
あさりとにらのみそ汁→P.161

材料（2人分）
鶏もも肉 ………… 大1枚
塩 ………………… 少々
A（混ぜておく）
　しょうゆ …… 大さじ1½
　みりん ……… 大さじ1
　砂糖、しょうがの絞り汁
　…………… 各小さじ½

[つけ合わせ]
ピーマン（縦半分に切って
　乱切り→P.14-5）…… 1個
プチトマト ………… 4個

作り方

1 下準備
鶏肉は皮にフォークで穴を開ける。

ポイント 脱！自己流
穴を開けることで味がしみやすくなります。

2 包丁で厚みを均等に開く。

3 包丁の刃先で筋を取り除き、塩を全体にふる。

4 Aはバットに入れ、3の鶏肉を漬けて室温で30分ほどおく。

5 焼く
アルミホイルを敷いた天板にのせてオーブントースターで10分焼き、切り分けて器に盛る。

6 ピーマン、プチトマトはオーブントースターで5分焼き、5に添える。

素材別メインディッシュ/肉 — 鶏の照り焼き/すき焼き

すき焼き

先に長ねぎに焼き目をつけて甘みを引き出します。

献立ナビ
副菜　きゅうりとたこの酢の物→P.139

1人分 601kcal ／ 塩分 3.9g ／ 糖質 22.6g

材料（2人分）
- 牛薄切り肉（すき焼き用）……300g
- 白菜（ざく切り→P.14-9）……2枚分
- 長ねぎ（斜め切り→P.15-11）……1本分
- 春菊（かたい部分を切る）……100g
- しいたけ（石づきを取って半分に切る）……4枚
- 焼き豆腐（6等分に切る）……½丁（150g）
- しらたき（ゆでて食べやすく切る）……100g

[割り下]
- A 昆布だし……100㎖
- しょうゆ、みりん……各50㎖
- 砂糖……大さじ1
- 牛脂……適量
- 卵……2個

作り方

1　下準備
白菜、長ねぎ、春菊、しいたけ、豆腐、しらたきは材料表通りに切っておく。

2
Aを混ぜ合わせ、割り下を作る。

3　煮る
すきやき鍋を**中火**にかけ、牛脂を入れ全体に脂をのばす。

4
3に長ねぎを入れて焼き目をつける。

脱！自己流ポイント
先に長ねぎをこんがり焼くことで甘みを引き出します。

5
牛肉、白菜、しいたけ、2を加えて煮立たせ、豆腐、しらたきを加えて火を通し、春菊を加えてさっと煮る。

6
火が通ったものから、割りほぐした卵につけていただく。煮詰まったら昆布だし（分量外）で薄めるとよい。

かれいの煮つけ

煮魚はむやみにさわるとボロボロに。返さず煮て、盛りつけはフライ返しを使いましょう。

1人分 **158**kcal／塩分 **2.2**g／糖質 **5.8**g

材料（2人分）
- かれい（切り身）……………2切れ
- しょうが ……………………1片
- 昆布（濡らして半分に切る）… 8cm

[煮汁]
- A 水 ……………………… 200ml
- 酒 ……………………… 大さじ3
- しょうゆ ……………… 大さじ2
- みりん ………………… 大さじ1
- 砂糖 …………………… 小さじ2

[つけ合わせ]
- わかめ（水でもどす）……… 60g

献立ナビ
副菜
春菊とにんじんの白あえ→P.138
汁物
けんちん汁→P.162

作り方

素材別メインディッシュ／魚介
かれいの煮つけ

下準備をする

1 わかめはひと口大に切る。しょうがは薄切り（→P.14-4）にする。

2 かれいの皮目に十字に切り目を入れる。

かれいを煮る

3 フライパンに昆布を敷き、Aを入れて煮立たせ、しょうが、2を入れる。

ポイント1
鍋ではなく底の浅いフライパンで煮ることで、少ない調味料でも味が均等に渡ります。

4 落としぶたをして、中火で10分ほど煮る。

5 煮汁が少なくなってきたら、おたまなどですくってかける。かれいは裏返さない。

6 わかめを加えてさっと煮たら、くずさないように器に盛る。

ポイント2
お箸だけで盛りつけるとくずれるので、先の薄いフライ返しなどを使って盛りましょう。

Arrange Recipe アレンジレシピ

金目鯛のおろし煮

1人分 **228** kcal／塩分 **1.9**g／糖質 **9.2**g

材料（2人分）
金目鯛（切り身）・・・・・・・・・・2切れ
大根・・・・・・・・・・・・・・・・・・150g
しょうが（薄切り）・・・・・・・・1片分
昆布（濡らして半分に切る）・・8cm分
[煮汁]
A ・・・・・・「かれいの煮つけ」と同量
[つけ合わせ]
貝割れ大根・・・・・・・・・・・・・80g

作り方
1. 大根はおろして水けをきる。貝割れ大根は根を落とす。
2. 金目鯛を「かれいの煮つけ」の2〜5と同様の手順で煮る。
3. 仕上げに1の大根おろし、貝割れ大根を加え、さっと火を通して器に盛る。

あじの南蛮漬け

揚げ立てをジュワッと漬け汁に入れるのがコツ。熱々を漬け込むことで、味がしっかりしみこみます。

1人分 **165**kcal／塩分 **1.9**g／糖質 **10.5**g

材料（2人分）

- あじ ……………………… 2尾
- 玉ねぎ …………………… ¼個
- しょうが ………………… ½片
- ピーマン ………………… 1個
- 赤唐辛子 ………………… ½本

[漬け汁]
- A だし汁、酢 ………… 各50ml
-   砂糖 …………………… 大さじ1½
-   しょうゆ ……………… 大さじ1
-   塩 ……………………… 小さじ¾
- 小麦粉 …………………… 適量
- 揚げ油 …………………… 適量

献立ナビ
副菜
筑前煮→P.130
汁物
豆腐とわかめのみそ汁→P.160

作り方

1 玉ねぎ、しょうがはせん切り（→P.15-13）、ピーマン、赤唐辛子は種を取り小口切り（→P.15-10）にする。

漬け汁を作る

2 A、しょうが、赤唐辛子は鍋に入れて混ぜ合わせ、中火でひと煮立ちさせてボウルに移し、冷ましておく。

あじをおろす

3 あじはうろこ、ぜいご、頭、内臓を取り除き、よく水洗いして、水けをふき取る。

4 背側と腹側から骨に沿って包丁を入れる。次に、尾のほうから中骨に沿って包丁を入れて2枚におろす。中骨のついた身に包丁を入れて3枚におろし、腹骨をそぐように除く。

あじを揚げる

5 4をひと口大に切り、小麦粉を全体に薄くまぶして、170℃の揚げ油で2分ほど揚げる。

6 揚げ立てを2に入れ、玉ねぎ、ピーマンを加え、15分ほど漬けておく。

揚げ立てをすぐに漬け汁に入れると味がよくしみます。

Arrange Recipe アレンジレシピ
エスニック風あじの南蛮漬け

1人分 **187** kcal／塩分 **1.5** g／糖質 **11.1** g

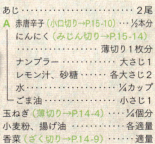

材料（2人分）

- あじ ………………………… 2尾
- A
  - 赤唐辛子（小口切り→P.15-10）… ½本分
  - にんにく（みじん切り→P.15-14）
     ………………… 薄切り1枚分
  - ナンプラー ………… 大さじ1
  - レモン汁、砂糖 …… 各大さじ2
  - 水 ………………………… ¼カップ
  - ごま油 ……………… 小さじ1
- 玉ねぎ（薄切り→P.14-4）… ¼個分
- 小麦粉、揚げ油 ………… 各適量
- 香菜（ざく切り→P.14-9）…… 適量

作り方

1. Aは鍋に入れてひと煮立ちさせて冷まし、玉ねぎを加える。
2. あじはうろこ、ぜいご、頭、内臓、えらを除き、筒切りにし、「あじの南蛮漬け」5と同様の手順でカラッと揚げる。
3. 揚げ立てを1の漬け汁に漬けて器に盛り、香菜を添える。

サーモンムニエル

鮭を返すのは一度だけ。じっくり焼いてうまみをとじ込めて。

1人分 **275**kcal ／ 塩分 **0.8**g ／ 糖質 **12.8**g

献立ナビ
副菜　グリーンサラダ→P.140
汁物　ミネストローネ→P.163

材料（2人分）

- 生鮭（切り身）……… 2切れ
- 塩 ……………………… 小さじ1/6
- こしょう ……………… 少々
- 小麦粉 ………………… 適量
- サラダ油 ……………… 小さじ2

[ソース]
- バター ………………… 大さじ1
- レモン汁 ……………… 小さじ1

[つけ合わせ]
- じゃがいも …………… 1個
- プチトマト …………… 2個
- イタリアンパセリ …… 適量

作り方

1　下準備

鮭は塩、こしょうして手で軽くなじませる。

2
小麦粉を全体に薄くまぶす。

3

じゃがいもはラップに包み電子レンジで2分30秒加熱し、皮をむいてくし形切り（→P.14-6）にする。プチトマトは水けをふく。

4　焼く

フライパンにサラダ油を熱し、2を皮目から入れ、中火で1分、弱火で3分焼く。返して同様に焼き、器に盛る。

脱！自己流ポイント
むやみに返さずうまみをとじ込めて。

5

4のフライパンにバターを熱し、きつね色に焦がしたら、レモン汁を加えて混ぜ合わせる。

6

4に3を添えて5をかけ、イタリアンパセリを添える。

さばのみそ煮

2回に分けてみそを加えることで、風味をしっかり引きたてて。

献立ナビ
副菜　焼きなす→P.139
汁物　かき玉汁→P.162

1人分 235kcal ／ 塩分 2.4g ／ 糖質 8.7g

材料（2人分）
- さば（切り身）……… 2切れ
- 長ねぎ（2cm長さに切る）
　　　………… ½本
- しょうが（薄切り→P.14-4）
　　　………… 1片分
- 赤唐辛子（種を除く）…… ½本

[煮汁]
- A（混ぜておく）
  - 水 ………… 150㎖
  - 酒 ………… 50㎖
  - みそ、砂糖 … 各大さじ1
  - しょうゆ …… 小さじ1
- みそ ………… 大さじ1

作り方

1 下準備
さばは身の厚い部分に切り目を入れる。

2
1をざるにのせて熱湯をかける。

脱！自己流 ポイント1
さばに熱湯をかけることで臭みを除きます。

3 煮る
フライパンにAを煮立たせて、2、長ねぎ、しょうが、赤唐辛子を入れる。

中火

4
落としぶたをして中火で7～8分煮る。

中火

5
4にみそを煮汁で溶き入れる。

中火

脱！自己流 ポイント2
みその風味を活かすため、2回に分けて加える。

6
さらに落としぶたをして煮汁が少なくなるまで弱火で7～8分煮る。

弱火

天ぷら

衣は粘りが出ないようさっと混ぜ合わせて。
ダマが残るくらいでOK！

1人分 **515**kcal ／ 塩分 **1.6**g ／ 糖質 **28.8**g

献立ナビ
副菜
ほうれん草のおひたし→P.136
汁物
わかめと豆腐のみそ汁→P.160

材料（2人分）

えび（殻つき・背ワタを取り殻をむく）……6尾
いか（胴・皮をむく）……½杯
小麦粉……少々
しいたけ（石づきを切る）……2枚
ししとう（ヘタを切り穴を開ける）……4本
なす（縦4等分に切り斜めに切り目を入れる）……1本

[衣]
卵黄……½個分
冷水……適量
小麦粉……½カップ
揚げ油……適量

[つゆ]
だし汁……大さじ4
みりん、しょうゆ……各小さじ2

作り方

1 下準備

えびは筋をのばす（→P.52参照）。いかは両面に斜めに切り目を入れ、食べやすく切る。野菜は材料表通りに切る。

2

卵黄を溶きほぐして冷水を加え100mlにし、ふるった小麦粉を加える。

3

2をさっくりと混ぜ合わせる。

脱！自己流 ポイント
衣はダマが残るくらいが、サクサクに仕上がります。

4 揚げる

えび、いかは小麦粉を全体に薄くつけ、3の衣をさっとつけながら**170℃**の揚げ油で**カラッと**揚げる。野菜も衣をさっとつけ、**160℃**で揚げる。

5

つゆの材料を小鍋に入れてひと煮立ちさせて、器に盛った4に添える。

ぶりの照り焼き

ぶりに塩をして水けをふくことが、魚臭さをなくすポイントです。

献立ナビ

副菜
コールスロー→P.143
汁物
えのきだけと大根と里いものみそ汁→P.161

1人分 312kcal ／ 塩分 1.7g ／ 糖質 6.0g

材料（2人分）

ぶり（切り身）……… 2切れ
塩 ……………………… 少々
サラダ油 …………… 小さじ1
長ねぎ（4cm長さに切る）
………………………… ½本
A（混ぜておく）
　しょうゆ ……… 大さじ1
　みりん、酒 … 各小さじ2
　砂糖 ………… 小さじ½

作り方

1　下準備
ぶりは全体に塩をふって**5分**ほどおく。

2
1のぶりの水けをペーパータオルでふく。

脱！自己流　ポイント
水けをしっかりふくことで臭みが取れます。

3　焼く
フライパンにサラダ油を熱し、2を**中火で2分**、**弱火で2分**焼き、返して長ねぎを加え、焼き色がついて**しんなりしたら**、ともに取り出す。

4
3のフライパンにAを加え、**中火**でさっと煮詰める。

5
火を弱め、3のぶりと長ねぎを**戻し入れる。**

6
たれをからめながら焦がさないように**弱火**でさっと照り焼きにする。

あじの塩焼き

ひれや胸びれに化粧塩をつけ、ホイルを巻くことで、焦げつきが防げます。

献立ナビ
副菜
さやいんげんのごまみそあえ→P.137
汁物
けんちん汁→P.162

1人分 **75**kcal ／ 塩分 **1.1**g ／ 糖質 **1.7**g

材料（2人分）
あじ ……………… 2尾
[化粧塩]
塩 ……………… 小さじ¼
[つけ合わせ]
大根 ……………… 80g
レモン（くし形切り→P.14-6）
　……………… ¼個分
しょうゆ ……………… 適量

※魚焼きグリルは両面焼きを使っています。片面焼きの場合は、片面につき4分ずつ焼いてください。

作り方

1 下準備
あじはぜいご、えらを除き、身の厚い部分に切り目を入れる。

2
1で入れた切り目から内臓を取り除いて水洗いし、水けをふく。

3
2の全体に塩適量（分量外）をふり、10分ほどおく。

4
3の水けをふき、ひれに化粧塩をつけ、さらに塩適量（分量外）を全体にふる。

5 焼く
胸びれなど焦げやすいところにアルミホイルを巻き、魚焼きグリルで強火で8分ほど焼く。

強火 脱！自己流 ポイント
化粧塩とアルミホイルで焦げつきを防ぎます。

6
大根はすりおろし軽く水けをきり、レモンとともに添え、しょうゆをたらす。

えびのチリソース

えびは**一度炒めて取り出す**ことで、ふっくらプリプリの仕上がりに。

素材別メインディッシュ／魚介
あじの塩焼き／えびのチリソース

献立ナビ
副菜 彩ナムル→P.145
汁物 かき玉汁→P.162

1人分 241kcal ／ 塩分 2.3g ／ 糖質 12.4g

材料（2人分）

- えび（殻つき・背ワタを取り殻をむく）……250g
- **A**
  - 酒………小さじ1
  - しょうゆ………小さじ½
  - こしょう………少々
  - 片栗粉………小さじ2
- サラダ油………大さじ1
- **B** にんにく、しょうが
  - （各みじん切り→P.15-14）………各½片分
  - 長ねぎ（みじん切り）………¼本分
- 豆板醤………小さじ⅓
- **C**（混ぜておく）
  - 水………大さじ3
  - トマトケチャップ………大さじ2
  - 酒………大さじ1
  - 砂糖、酢………各小さじ1½
  - 塩………小さじ¼
- **D**（混ぜておく）
  - 水………小さじ2
  - 片栗粉………小さじ1
- ごま油………小さじ1

作り方

1 下準備
えびに**A**を順にもみ込む。

2 炒める
フライパンにサラダ油の半量を入れ、**強火**で熱し、1を入れて炒め**取り出す**。

脱！自己流 ポイント
一度炒めて取り出すことでえびがかたくならずプリプリに。

3 2のフライパンに残りのサラダ油を足して**B**を炒め、豆板醤を加えて香りが出るまで炒める。

4 3に**C**を加えて**強火**で煮立て、2を戻し入れてからめる。

5 **D**を加えて煮立たせ、**とろみをつける**。

6 5にごま油を加えてさっと炒め合わせる。

ポテトコロッケ

むやみにさわると衣がはがれてしまいます。油をかけながらじっくりと揚げれば、サクサクの衣が楽しめます。

1人分 **448**kcal ／ 塩分 **1.1**g ／ 糖質 **31.3**g

材料（2人分）

[コロッケのたね]
- じゃがいも（皮をむいてひと口大に切る）……… 2個分
- バター ……………………… 大さじ1
- 玉ねぎ（みじん切り→P.15-14）……………………… ¼個
- 合いびき肉 ………………… 100g
- 塩 …………………………… 小さじ¼
- こしょう …………………… 少々

[衣]
- 小麦粉、パン粉 …………… 各適量
- 卵 …………………………… ½個
- サラダ油 …………………… 小さじ½
- 揚げ油 ……………………… 適量

[つけ合わせ]
- キャベツ（せん切り→P.15-13・水にさらす）……………… 2枚分

献立ナビ

副菜
いかのマリネサラダ→P.146

汁物
あさりとにらのみそ汁→P.161

作り方

たねを作る

1 じゃがいもは水にさらして保存袋に入れ、電子レンジで**3分**加熱し、返して**2分**加熱したら、**熱いうちに袋の上からつぶす**。

2 フライパンを**強火**にかけてバターを溶かし、玉ねぎを**透明に**なるまで炒め、ひき肉を加え**ポロポロ**になるまで炒める。

3 2に塩、こしょうして火を止め、1を加えて混ぜ合わせて**しっかり冷ます**。

ポイント1 たねを完全に冷ますことで、揚げたときの破裂を防ぐことができます。

4 3を6等分に分け、丸く平らに成形する。

コロッケを揚げる

5 4に小麦粉、卵と**サラダ油を混ぜ合わせ**たもの、パン粉を順にまんべんなくつける。

6 フライパンに揚げ油を**170℃**に熱し、5を入れて**2〜3分**揚げ、きつね色になったら返し、油をきってキャベツと盛り合わせる。

「これくらいまで！」

ポイント2 少しふっくらしてくるまで油をかけながら揚げましょう。

Arrange Recipe アレンジレシピ

かぼちゃのカレーコロッケ

1人分 **483**kcal ／ 塩分 **1.1**g ／ 糖質 **37.5**g

材料（2人分）

[コロッケのたね]
「ポテトコロッケ」のじゃがいもをかぼちゃ（種、ワタを取り、皮をむいて）300gに替える
カレー粉……………小さじ1弱
[衣]、揚げ油、[つけ合わせ]
………「ポテトコロッケ」と同量

作り方

1 かぼちゃはひと口大に切り、保存袋に入れて電子レンジで**3分**熱し、返して**2分**加熱して袋の上からつぶす。

2 「ポテトコロッケ」の2、3と同様の手順で、かぼちゃのたねを作り、カレー粉を加えて混ぜ合わせて冷ます。

3 「ポテトコロッケ」の4〜6と同様の手順で成形して衣をつけ、カラッと揚げて器に盛り、つけ合わせのキャベツを添える。

麻婆なす

揚げ焼きしてから炒めるのでトロトロ食感のなすが楽しめます。色もきれいな紫になりますよ。

1人分 **319** kcal ／塩分 **1.6** g／糖質 **10.6** g

材料（2人分）

- なす ………………………… 4個
- サラダ油 …………………… 適量
- 豚ひき肉 …………………… 100g
- A
  - にんにく、しょうが（各みじん切り→P.15-14）……… 各½片分
  - 長ねぎ（みじん切り）……… ½本分
- 豆板醤 ……………………… 小さじ½
- B（混ぜておく）
  - 酒 ………………………… 大さじ1
  - しょうゆ ………………… 小さじ2
  - 甜麺醤 …………………… 小さじ1
- C（混ぜておく）
  - 鶏がらスープの素 ……… 小さじ½
  - 水 ………………………… 100mℓ
- D（混ぜておく）
  - 水 ………………………… 大さじ1½
  - 片栗粉 …………………… 小さじ2
- ごま油 ……………………… 小さじ1
- 酢 …………………………… 小さじ½

献立ナビ
副菜
中華サラダ→P.145
汁物
かき玉汁→P.162

素材別メインディッシュ／野菜

麻婆なす

作り方

なすを揚げる

1 なすは大きめの乱切り（→P.14-5）にする。

2 フライパンにサラダ油を1cm位の深さに入れて**中火**にかけ、なすを揚げ焼きして**取り出し**、油をきる。

先になすを油で揚げ焼きすることでなすが色鮮やかになり、コクも出ます。 ポイント1

肉を炒める

3 2の油を器にあけて、大さじ1を**フライパンに戻して強火**で熱する。ひき肉を加えて**ポロポロ**になるまで炒め、Aを加えて炒める。

調味する

4 香りが出たら**豆板醤**を加えて炒め、Bも加えて炒め合わせる。Cを加えて混ぜながら煮立てる。

先に豆板醤だけを炒めることで、辛みを肉にしっかりと移します。 ポイント2

5 4に2のなすを**戻し入れ**、長ねぎも加えて、よくからめながら炒める。

6 Dを加えて煮立たせ、とろみをつけ、ごま油、酢を加えて炒め合わせる。

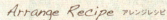

Arrange Recipe アレンジレシピ

トマト麻婆

1人分 **223** kcal ／ 塩分 **1.3** g ／ 糖質 **8.7** g

作り方（材料2人分）

1 フライパンにサラダ油小さじ2を入れて**強火**でひき肉100gをポロポロに炒め、にんにく、しょうが（各みじん切り）各½片分、長ねぎ（みじん切り）½本分加えて香りを出してから豆板醤小さじ½を加えて炒める。

2 しょうゆ小さじ2、酒大さじ1を加えて炒め、水50mℓ、鶏がらスープの素小さじ¼を加えて煮立てる。

3 トマト（くし形切り→P.14-6）2個分、にら（3cm長さに切る）½束分を加えてからめながらさっと炒める。

4 混ぜ合わせた片栗粉小さじ1、水小さじ2を加えてとろみをつけ、最後にごま油小さじ1を加えて仕上げる。

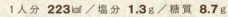

ゴーヤチャンプルー

豆腐は先手必勝の「こんがり焼き」で、炒めたときポロポロにくずれず、香ばしく仕上がります。

1人分 **318** kcal ／ 塩分 **1.7** g ／ 糖質 **3.4** g

材料（2人分）

- ゴーヤ……………………½本
- 木綿豆腐……………½丁（150g）
- 豚切り落とし肉……………100g
- 塩、こしょう………………各少々
- にんにく……………………1片
- ごま油………………………小さじ½
- サラダ油……………………大さじ1

A（混ぜておく）
- 酒……………………小さじ2
- しょうゆ……………小さじ1
- 塩……………………小さじ⅕
- こしょう……………少々

B（混ぜておく）
- 卵……………………1個
- 塩、こしょう………各少々

- かつお節……………………2g

献立ナビ

副菜
切り干し大根の煮物→P.134
汁物
えのきだけと大根と里いものみそ汁→P.161

● 作り方

下準備をする

1
豆腐はペーパータオルに包み、軽く重しをして**15分**ほどおき水けをきる。

脱!自己流　ポイント1

豆腐の水けはしっかりきることで、くずれにくく食べごたえが出ます。

2
ゴーヤは縦に2つに切り、スプーンで種、ワタを取る。

3
2は5mm厚さの薄切り（→P.14-4）に、にんにくは薄切りにする。豚肉はひと口大に切り、塩、こしょうをする。

豆腐を焼く

これくらいまで！

4
フライパンにごま油を**強火**で熱し、1を割り入れて**きつね色**に焼いて取り出す。

強火　脱!自己流　ポイント2

豆腐はごま油でこんがりと焼いておくと、炒めたときにくずれにくくなります。

炒める

強火

5
4のフライパンにサラダ油を入れ、にんにく、豚肉をこんがりと炒め、ゴーヤを加えてさっと炒め、4を**戻し入れる**。

強火

6
Aを加え、Bを回し入れて**半熟状**に炒め、かつお節の半量を加えて炒め合わせる。器に盛り、残りのかつお節をふる。

強火

素材別メインディッシュ／野菜　ゴーヤチャンプルー

Arrange Recipe アレンジレシピ

中華風チャンプルー

1人分 **326**kcal ／ 塩分 **1.7**g ／ 糖質 **4.6**g

作り方（材料2人分）

1 にら1束を4cm長さのざく切り（→P.14-9）にし、もやし½袋（120g）はひげ根を取る。
2 木綿豆腐½丁（150g）は水けをきる。
3 にんにく1片は薄切りにし、豚切り落とし肉100gは塩、こしょう各少々をふる。
4 フライパンにごま油小さじ½を**強火**で熱し、2をこんがりと焼いて取り出す。
5 4のフライパンにサラダ油大さじ1を**強火**で熱し、3をこんがりと炒め、1を加えてさっと炒めて、4の豆腐を戻し入れる。
6 オイスターソース、しょうゆ各小さじ1、酒小さじ2、塩、こしょう各少々を加え、混ぜ合わせた卵1個、塩、こしょう各少々を回し入れて半熟状に炒める。

ポトフ

鶏肉は塩、こしょうをすり込んでから煮込んで、うまみを最大限に引き出して。

献立ナビ
副菜 ポテトサラダ→P.142

1人分 **276** kcal ／ 塩分 **2.5** g ／ 糖質 **12.6** g

材料（2人分）

鶏手羽元‥‥‥‥‥‥‥4本
塩‥‥‥‥‥‥‥‥小さじ¼
こしょう‥‥‥‥‥‥少々
ベーコン（半分に切る）‥1枚
セロリ（筋を取り縦半分に切る）
‥‥‥‥‥‥‥‥‥‥½本
キャベツ（縦半分に切る）
‥‥‥‥‥‥‥‥‥小¼個
玉ねぎ（縦半分に切る）
‥‥‥‥‥‥‥‥‥‥½個
にんじん（縦半分に切る）
‥‥‥‥‥‥‥‥‥‥½本
かぶ（茎を4cm残し縦半分に切る）
‥‥‥‥‥‥‥‥‥‥1個
A 水‥‥‥‥‥‥‥700ml
　固形コンソメスープの素
　‥‥‥‥‥‥‥‥‥½個
　にんにく‥‥‥‥‥½片
　ローリエ‥‥‥‥‥1枚
　塩‥‥‥‥‥‥‥小さじ¼
　こしょう‥‥‥‥‥少々

作り方

1 下準備

鶏肉に、塩、こしょうを軽くすりこむ。

脱！自己流 ポイント1
塩、こしょうをすり込むことでうまみを引き出します。

2

ベーコン、セロリ、キャベツ、にんじん、玉ねぎ、かぶは材料表通りに切る。

3 煮る
鍋にAを入れ、1、2のかぶ以外を加えて、ふたをして煮立ったら中火で10分ほど煮る。

4

3にかぶを加える。

脱！自己流 ポイント2
火が通りやすいかぶは最後に加えましょう。

5

塩、こしょう各少々（分量外）で調味し、さらにふたをして10分ほど煮る。

6

5の鶏肉、野菜を器に盛り、スープを注ぐ。

素材別メインディッシュ／野菜

ポトフ／野菜たっぷり回鍋肉

野菜たっぷり回鍋肉（ホイコーロー）

強火で炒めて一度取り出す方法で中華料理店のシャキシャキ食感を再現！

献立ナビ
副菜 たらことねぎの卵焼き→P.81
汁物 わかめスープ→P.165

1人分 **331**kcal ／ 塩分 **1.6**g ／ 糖質 **11.8**g

材料（2人分）

- 豚バラ薄切り肉……100g
- 塩、こしょう………各少々
- キャベツ（大きめのざく切り→P.14-9）………3枚分
- ピーマン（乱切り→P.14-5）………2個分
- A 長ねぎ（斜め切り→P.15-11）……………¼本分
    にんにく（薄切り→P.14-4）……………½片分
- サラダ油…………大さじ1
- 豆板醤……………小さじ¾
- B（混ぜておく）
    甜麺醤（テンメンジャン）、しょうゆ………各大さじ½
- 砂糖………………小さじ½
- ごま油……………小さじ½

作り方

1 下準備
豚肉は4cm幅に切り、塩、こしょうをもみ込む。

2
キャベツ、ピーマン、Aの長ねぎ、にんにくは材料表通りに切る。

3 炒める
フライパンにサラダ油小さじ2を強火で熱し、ピーマン、キャベツを2分ほど炒める。

強火

4
3に油がまわったら取り出す。

脱！自己流ポイント
野菜を一度取り出すことでシャキシャキの食感に。

5
残りのサラダ油を加えて豚肉を入れ、Aを加えて強火で炒め、豆板醤を加えてからめる。

強火

6
Bを入れて炒め合わせ4を戻し入れて炒め合わせ、仕上げにごま油を加えて炒める。

強火

オムレツ

バターは焦げやすいので**サラダ油と併用**しましょう。焦げずに風味よく焼き上がります。

1人分 **259** kcal／塩分 **1.2**g／糖質 **1.9**g

材料（2人分）
- 卵 ………………………… 4個
- 牛乳 ……………………… 大さじ2
- 塩 ………………………… 小さじ1/6
- こしょう ………………… 少々
- サラダ油 ………………… 小さじ1
- バター …………………… 大さじ1
- トマトケチャップ、イタリアンパセリ
　………………………… 各適量

献立ナビ
副菜
えびのアヒージョ→P.126
汁物
ミネストローネ→P.163

素材別メインディッシュ／卵

オムレツ

作り方

卵液を作る

1 ボウルに卵を割りほぐし、牛乳、塩、こしょうを加えて混ぜ合わせる。

卵を焼く

2 フライパンにサラダ油半量を強火で熱し、火を止めて、バター半量を加える。

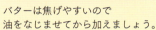

バターは焦げやすいので油をなじませてから加えましょう。

3 バターが溶けたら中火にかけ、1の半量を一気に流し込む。

4 卵に空気を含ませるようにかき混ぜる。

5 卵がかたまって半熟状になったら、手前から奥にまとめて形を作っていく。

器に盛る

6 5を器に盛り、形を整えてケチャップ、イタリアンパセリを添える。残り半量も同様に作る。

 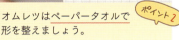

オムレツはペーパータオルで形を整えましょう。

Arrange Recipe アレンジレシピ

スペイン風オムレツ

1人分 **371** kcal ／ 塩分 **1.7** g ／ 糖質 **17.8** g

作り方（材料2人分）

1 プチトマト6個はヘタを取って4等分に切り、じゃがいも大1個はラップに包んで電子レンジで**3分**加熱して、皮をむいて角切りにする。

2 フライパンにオリーブ油小さじ2を**強火**で熱し、玉ねぎ（せん切り→P.15-13）¼個分を**2分**炒め、にんにく（みじん切り→P.15-14）薄切り1枚分、ピーマン（色紙切り）1個分、ベーコン（色紙切り）各1枚分を加えて塩、こしょう各少々をし、さらに**1分**炒めて取り出す。

3 ボウルに卵4個を割りほぐし、**1**、**2**、塩小さじ¼、こしょう少々を加えて混ぜ合わせる。

4 小さいフライパンにオリーブ油小さじ2を**中火**にかけ、**3**を流し入れ、半熟状になったら平らにして、**弱火**で**3分**ふたをして焼き、取り出して切り分ける。

茶碗蒸し

蒸し器がない場合はこの「地獄蒸し」という方法でOK！

1人分 **120**kcal ／ 塩分 **1.2**g ／ 糖質 **2.3**g

献立ナビ

副菜 1
筑前煮→P.130
副菜 2
きゅうりとたこの酢の物→P.139

材料（2人分）

- 卵　　　　　　　　　2個
- 鶏ささみ肉（そぎ切り→P.14-7）
　　　　　　　　　　　1本分
- しょうゆ　　　　　　小さじ¼
- しいたけ（薄切り→P.14-4）
　　　　　　　　　　　1枚分
- A　だし汁　　　　　250㎖
　　みりん　　　　　　小さじ1
　　しょうゆ　　　　　小さじ¼
　　塩　　　　　　　　小さじ⅕
- 三つ葉（ざく切り→P.14-9）
　　　　　　　　　　　2本

作り方

1　下準備
鶏肉はしょうゆをからめて下味をつけておく。

2
ボウルに卵を割りほぐし、Aを加え、泡立てないように混ぜる。

3
器に1の鶏肉を入れ、2の卵液を流し入れ、しいたけをのせる。このとき、容器のふたはしない。

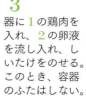

4　蒸す
鍋に器の高さの¼ほどの湯を沸かし、湯気が立ったら3を入れる。

強火

脱！自己流 ポイント
蒸し器がなくてもこの「地獄蒸し」という方法でOK。

5
鍋のふたにふきんをかぶせ、強火で3分加熱し、弱火にして、ふたを少しずらし、10～12分加熱する。取り出して三つ葉をのせる。

強火 → 弱火

かに玉

卵は空気を含ませながら混ぜることで、ふんわりとした食感に。

素材別メインディッシュ／卵
茶碗蒸し／かに玉

献立ナビ

副菜
彩ナムル→P.145

汁物
わかめスープ→P.165

1人分 247kcal／塩分 2.4g／糖質 6.5g

材料（2人分）

- 卵……………………3個
- かに缶……………………60g
- 長ねぎ（せん切り→P.15-13）
  ……………………6cm分
- もやし（ひげ根を取る）…50g
- しいたけ（薄切り→P.14-4）
  ……………………1枚分
- サラダ油…………大さじ1
- A ┌ 塩、こしょう……各少々
　　└ 酒……………小さじ1
- B （混ぜておく）
  ┌ 水……………………100ml
  ├ 鶏がらスープの素…小さじ1/4
  ├ 砂糖……………小さじ2
  ├ しょうゆ………小さじ1½
  ├ 塩……………小さじ1/6
  └ こしょう……………少々
- C （混ぜておく）
  ┌ 片栗粉…………小さじ1
  └ 水………………小さじ2
- D ┌ 酢………………小さじ1
　　└ しょうがの絞り汁…小さじ½

作り方

1 下準備
長ねぎ、もやし、しいたけは材料表通りに切る。かには汁けをきってほぐす。

2 炒める
フライパンに半量のサラダ油を熱し、1をさっと炒め、Aを回し入れる。

強火

3
ボウルに卵を割りほぐし、2を加えてよく混ぜる。

4 焼く
フライパンを洗い、残りのサラダ油を強火で熱し、3を入れて炒める。

強火

脱！自己流ポイント
卵液は半熟状になるまで空気を含ませて混ぜ合わせましょう。

5
4が半熟になったらフライパンに皿をかぶせて取り、すべらせるように戻し入れて裏面を焼き、器に盛る。

強火

6
別のフライパンにBを入れて煮立たせ、Cを加えてとろみをつけ、Dを加えて5にかける。

中火

基本の"卵"調理法

卵は、加熱方法や時間によって、がらっと姿形を変える食材。
加熱方法や時間をマスターして、ベストなおいしさで楽しみましょう。

ゆで卵

調理実習で習ったゆで卵、基本を忘れていませんか？ ここでもう一度正しいゆで方をおさらいしましょう。

材料（2人分）
卵 ……………………… 2個

1人分 46kcal ／ 塩分 0.1g ／ 糖質 0.1g

5分で半熟

● 作り方

水からゆでる

1
鍋に卵がかぶるくらいの水を入れ、卵を静かに入れる。熱湯からゆでると、黄身が寄ってしまうので、水からゆでること。

火にかける

強火 ⇩ 弱火

2
鍋を強火にかけて沸騰したら弱火にし、半熟の場合は5分、かたゆでにしたい場合は12分ゆでる。

3
時間になったら水に取り出してしっかり冷まし、卵全体に細かなひびを入れてから、殻をむく。

12分でかたゆで

1人分 46kcal ／ 塩分 0.1g ／ 糖質 0.1g

卵は冷蔵庫から出して冷たいままゆでると割れやすくなります。必ず室温にもどしてからゆでましょう。また、ゆでる水の量が多すぎたり、強火でゆでたりすると、殻が割れることがあるので、水加減と火加減に注意して。

きほんの「卵」調理法 Rank up!

目玉焼き
（ターンオーバー、サニーサイドアップ）

1人分 201kcal ／ 塩分 1.0g ／ 糖質 0.5g

焼き具合、片面焼き、両面焼きはお好みで。ハンバーグやチャーハンにのせてもおいしい！

材料（2人分）
- 卵 ……………… 4個
- サラダ油 ……… 小さじ1
- 塩、こしょう …… 各少々

そのまま器にのせて
サニーサイドアップ
（片面焼き）

● 作り方

卵を入れる

1
フライパンに半量のサラダ油を入れて**強火**にかける。ボウルに卵2個を1個ずつ割り、卵黄をこわさないように1個ずつフライパンに入れる。

ふたをして焼く

2
弱火にしてふたをし、黄身が好みのかたさになるまで焼く。もう2個も同じように焼き、好みで塩、こしょうをふる。

裏返すと
ターンオーバー
（両面焼き）

1人分 201kcal ／ 塩分 1.0g ／ 糖質 0.5g

卵はあらかじめボウルに割ってから、そっと流し込むようにフライパンに入れると卵黄がくずれにくく、形もきれいに焼けます。

スクランブルエッグ

ホテルの朝食に出てくるような、ふわとろスクランブルエッグは、火を通しすぎない、混ぜすぎないのが重要なポイント。

材料（2人分）

卵	3個
牛乳	大さじ2
塩、こしょう	各少々
バター	大さじ1

1人分 **192** kcal ／ 塩分 **1.0** g ／ 糖質 **1.1** g

● 作り方

卵液を混ぜる

1 卵をボウルに割りほぐし、牛乳、塩、こしょうを加えて混ぜ合わせる。

フライパンに入れる

2 中火で熱したフライパンにバターを入れて、1を流し入れ、木べらで大きく混ぜ合わせながら火を通す。

中火

混ぜながら火を通す

3 少し火を弱めながらゆっくり混ぜ合わせると外側から固まっていくので、外を内側に混ぜ込むようにし、火を止めて器に盛る。

弱火

このくらい

おいしそう！

MEMO フライパンに流し込んだ卵液を混ぜすぎるといり卵になってしまうので、混ぜすぎに注意！大きく、空気を含むように、ふんわりと大きく混ぜるのがポイントです。

Rank up! きほんの「卵」調理法

温泉卵

コツは、土鍋やホーロー鍋など保温性の高い鍋を使うこと、卵が加熱時に割れないように常温に戻すことです。

材料（2人分）
卵……………………2個

1人分 **91**kcal ／ 塩分 **0.2**g ／ 糖質 **0.2**g

● 作り方

土鍋に卵を入れる
1 土鍋に卵がかぶるくらいの水を入れて**強火**にかけ、沸騰したら卵を静かに入れる。

ふたをして火を通す
2 火を止めてふたをし、**20分**ほどおく。

MEMO ホーロー鍋でも同様の作り方でできます。また、スープジャーやポットを使う場合は、熱湯とともに卵を入れて20分ほどおけばOK。

煮卵

たれにしっかりと卵が漬かるようにするのがポイント。作りおきして2〜3日保存できます。

材料（作りやすい分量）
ゆで卵（半熟）……………4個
A 水…………………………100mℓ
  しょうゆ、みりん………各50mℓ
  砂糖………………………小さじ2

1人分 **207**kcal ／ 塩分 **1.4**g ／ 糖質 **5.0**g

● 作り方

漬け汁を作る
1 Aを合わせて鍋に入れ、**強火**にかけてひと煮立ちしたら火を止めて冷ます。

ゆで卵を入れる
2 保存容器に**ポリ袋**を重ねて1を注ぎ入れ、殻をむいたゆで卵を加える。

ひと晩漬ける
3 しっかりと漬かるようにポリ袋の口を結び、冷蔵庫でひと晩漬ける。

麻婆豆腐

豆豉で深みを出して、山椒でしびれるような辛みをつければ絶対おいしい四川風麻婆豆腐の完成!

1人分 **340** kcal ／ 塩分 **2.2** g ／ 糖質 **8.5** g

材料（2人分）

- 木綿豆腐……………1丁（300g）
- 豚ひき肉……………100g
- にんにく……………1片
- しょうが……………½片
- 長ねぎ………………½本
- 豆豉(トウチ)…………小さじ1
- 酒……………………小さじ½
- サラダ油……………大さじ1
- 豆板醤………………小さじ½
- 甜麺醤(テンメンジャン)…小さじ1
- A（混ぜておく）
  - 水…………………200mℓ
  - しょうゆ、酒……各大さじ1
  - 鶏がらスープの素……小さじ½
- B（混ぜておく）
  - 水…………………小さじ4
  - 片栗粉……………小さじ2
- ごま油………………小さじ1
- 粉山椒………………少々

献立ナビ

副菜
彩ナムル→P.145
汁物
あさりとにらのみそ汁→P.161

素材別メインディッシュ／豆腐

麻婆豆腐

作り方

下準備をする

1
豆腐は厚みを半分に切ってからひし形に切り、熱湯でさっとゆで、ざるにあげる。

ポイント1 豆腐をゆでると余分な水分が抜けてくずれにくくなります。 脱！自己流

2
豆豉は酒と合わせる。豆豉は中華料理で使われる豆みその一種。加えるとグッと本格的に。

3
にんにく、しょうが、長ねぎはみじん切り（→P.15-14）にする。

肉を炒める

強火

4
フライパンにサラダ油を熱し、ひき肉をポロポロになるまで炒め、にんにく、しょうが、豆板醤を加えて炒める。

煮込む

強火 → 弱火

5
2、甜麺醤、Aを加えて混ぜながら煮立て、1を加えて煮立ったら弱火にして長ねぎを加え、2分ほど煮込む。

とろみをつける

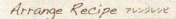
中火

6
Bを加えて火を強めてとろみをつけ、ごま油、粉山椒を加えて混ぜ合わせる。

ポイント2 日本では粉山椒が入手しやすく手軽。花椒（ホワジャオ）を使う場合はミルでひいてから加えましょう。 脱！自己流

Arrange Recipe アレンジレシピ

塩麻婆豆腐

1人分 **314**kcal ／ 塩分 **2.4**g ／ 糖質 **7.0**g

作り方（材料2人分）

1. 絹ごし豆腐1丁（300g）は厚みを半分に切り、さらに角切りにし、熱湯でひと煮立ちさせてからざるにあげる。
2. にんにく1片、しょうが½片、ザーサイ30gはみじん切りにする。赤唐辛子1本は小口切り（→P.15-10）にする。
3. フライパンにサラダ油大さじ1を強火で熱し、豚ひき肉100gをポロポロになるまで炒める。2を加えて炒め、水200㎖、酒大さじ1、塩小さじ⅓、こしょう少々、鶏がらスープの素小さじ½を加えてよく混ぜながら煮立てる。1を加えて煮立ったら、みじん切りにした長ねぎ½本分を加えて弱火で2分ほど煮込む。
4. 混ぜ合わせた水小さじ4、片栗粉小さじ2を加えてとろみをつけ、ごま油小さじ1を加えて混ぜ合わせる。器に盛り、ラー油少々を垂らす。

肉豆腐

豆腐は**手でちぎる**と、味がなじみやすくなり、おいしさが倍増します。

1人分 **346**kcal ／ 塩分 **1.9**g ／ 糖質 **10.7**g

献立ナビ
副菜1 ほうれん草のおひたし→P.136
副菜2 ポテトサラダ→P.142

材料（2人分）

木綿豆腐 ……… 1丁（300g）
牛切り落とし肉 ……… 100g
長ねぎ ……………… ½本
えのきだけ ………… 100g
サラダ油 ………… 大さじ½
A ┌ だし汁 ………… 200㎖
  │ しょうゆ …… 大さじ1½
  └ 酒、砂糖 …… 各大さじ1

作り方

1 下準備
豆腐はペーパータオルにのせて（重しはしない）**5分**ほどおき、**水けをきる。**

2
長ねぎは斜め切り（→P.15-11）にし、えのきだけは根元を切る。

3 煮る
鍋にサラダ油を**中火**で熱し、長ねぎを**こんがり**と炒める。

4
3にAを入れて煮立たせて、牛肉を**1枚ずつ**加える。

5
1の豆腐は**手で割りながら**4に加える。

脱！自己流 ポイント
手でちぎることで味がよくしみます。

6
えのきだけを加え、**ふたをして**煮立たせてから**弱火で10分**ほど煮る。

素材別メインディッシュ／豆腐

肉豆腐／豆腐ハンバーグ

豆腐ハンバーグ

豆腐の水けをしっかりときって、みっちり弾力のある食感に。

献立ナビ

副菜
小松菜と油揚げの煮びたし→P.137
汁物
あさりとにらのみそ汁→P.161

1人分 253kcal ／ 塩分 1.3g ／ 糖質 7.1g

材料（2人分）

- 木綿豆腐 …… ½丁（150g）
- 豚ひき肉 …………… 100g
- A 玉ねぎ（みじん切り→P.15-14）
  　……………… ¼個分
  　ごま油 ……… 小さじ½
- 卵 ……………… ½個
- 塩 ……………… 小さじ⅙
- こしょう ……………… 少々
- サラダ油 ………… 小さじ1

[ソース]
- B（混ぜておく）
  　大根（すりおろして水けをきる）……… 150g分
  　酢 ………… 小さじ1
  　しょうゆ …… 小さじ1½

[つけ合わせ]
- 水菜（3cm長さに切る）
  　……………… 40g分
- 青じそ（せん切り→P.15-13）
  　……………… 4枚分
- プチトマト（半分に切る）
  　……………… 2個分

作り方

1 下準備

豆腐はペーパータオルに包み、**重しをして20分**ほどおく。

脱！自己流 ポイント1
水っぽくならないように、水けはしっかりときって。

2

Aは耐熱容器に入れ、**ラップなしで電子レンジで1分加熱して**冷ます。

3 練る

ボウルにひき肉、卵、塩、こしょうを入れて**粘りが出るまで練り**混ぜる。

4

1をつぶしながら加え、2も加えて混ぜ合わせ、4等分の小判形に成形する。

5 焼く

中火→弱火

フライパンにサラダ油を**中火**に熱し、4を入れて**ふたをして1分、弱火**にして**3分**焼き、返して同様に焼く。

6

5を器に盛り、Bをかけ、つけ合わせを添える。

脱！自己流 ポイント2
→P.36「ハンバーグ」の焼き方を参考にして！

Rank up! バル風つまみで乾杯！

ちょっと特別な日は、ワインやビールにぴったりの
バル風のおつまみで乾杯しませんか？

＼野菜に熱々ソースをつけて／
バーニャカウダ

材料（2人分）
- にんにく ……………………… 1片
- アンチョビー ………………… 4枚
- オリーブ油 ………………… 大さじ5
- 塩、こしょう ………………… 各少々
- キャベツ ……………………… 2枚
- パプリカ（赤） ……………… ¼個
- セロリ ………………………… 1本

● 作り方
1. にんにくはみじん切り（→P.15-14）にし、アンチョビーは細かくたたく。
2. 鍋にオリーブ油、1を入れて弱火にかけ、香りが出るまで煮て、塩、こしょうで味を調える。
3. キャベツは食べやすく切り、パプリカ、セロリはスティック状に切って盛り合わせ、2をつけながらいただく。

1人分 **347** kcal ／ 塩分 **1.0** g ／ 糖質 **7.2** g

よく合うお酒は
- 白ワイン
- ロゼワイン

＼具材をオイルでぐつぐつ煮込む／
えびのアヒージョ

1人分 **267** kcal ／ 塩分 **0.8** g ／ 糖質 **2.2** g

材料（2人分）
- えび（殻つき・小さめのもの）、しめじ ……………………… 各100g
- にんにく ……………………… 1片
- オリーブ油 …………………… 50ml
- 塩 ……………………………… 小さじ⅙
- こしょう ……………………… 少々
- パセリ（みじん切り→P.15-14） ……………………… 少々

● 作り方
1. にんにくは粗みじん切り（→P.15-14）にし、えびは背ワタを取って殻をむき、塩、こしょう各少々（分量外）を混ぜ合わせ、しめじは石づきを取って小房に分ける。
2. 小さな鍋に1を入れ、オリーブ油を注いで中火にかけ、7～8分煮る。
3. 塩、こしょうで味を調え、パセリをふる。

よく合うお酒は
- 白ワイン
- 軽めの赤ワイン

Rank up!

バル風つまみで乾杯！

＼刺し身は好みのものでOK／
サーモンのカルパッチョ

1人分 **248** kcal ／ 塩分 **0.9** g ／ 糖質 **2.6** g

材料（2人分）
- サーモン（刺し身用さく）⋯ 150g
- 玉ねぎ ⋯ ¼個
- ルッコラ ⋯ 2株
- A オリーブ油 ⋯ 大さじ1
  - レモン汁 ⋯ 大さじ½
  - 塩、こしょう ⋯ 各少々
  - にんにく（みじん切り→P.15-14）⋯ ¼片分

● 作り方
1. サーモンはそぎ切り（→P.14-7）にして器に盛る。
2. 玉ねぎはせん切り（→P.15-13）にして水にさらし、水けをきる。
3. ルッコラは3cm長さに切り、2と混ぜて1に添え、混ぜ合わせたAを回しかける。

よく合うお酒は
- 白ワイン
- スパークリングワイン

＼サルサ風のアボカドディップ／
ワカモレ

材料（2人分）
- アボカド ⋯ 1個
- トマト ⋯ ¼個
- にんにく（みじん切り→P.15-14）⋯ 少々
- 玉ねぎ（みじん切り）⋯ 小さじ2
- ライムの絞り汁 ⋯ 小さじ1
- サワークリーム ⋯ 大さじ1
（水切りヨーグルトで代用可）
- 塩、こしょう ⋯ 各少々
- トルティーヤチップス ⋯ 適量

● 作り方
1. アボカドは半分に切り、種を取り皮をむき、粗くつぶしてライムの絞り汁を混ぜ合わせる。
2. トマトはみじん切りにして、1、玉ねぎ、サワークリーム、塩、こしょうを加え混ぜ合わせて器に盛り、トルティーヤチップスにつけていただく。

よく合うお酒は
- ビール
- 白ワイン

1人分 **174** kcal ／ 塩分 **0.7** g ／ 糖質 **7.2** g

献立の組み合わせ方

Step 1 メインの料理を決める
まずは肉や魚介、卵、豆腐などのたんぱく質を含む食材を使ったメイン料理を決めます。その日食べたいものや体調に合わせて選びましょう。

≫

Step 2 副菜を決める
メインが決まったら、下記の3つのポイントから副菜を決めます。

≫

Step 3 汁物を決める
副菜が決まったら、さらに下記ポイントに合わせて汁物を決めます。

副菜、汁物 選びのポイント

1 味つけ で選ぶ

 メイン — しょっぱい

\+

 副菜 — 酸っぱい

\+

 汁物 — さっぱり

> メインの料理と味がかぶらないように選ぶ。違う味を組み合わせると味にメリハリが出て、飽きずに食べられる。

2 調理法 で選ぶ

 メイン — 揚げ物

\+

 副菜 — あえ物

\+

 汁物 — スープ

> 調理法が重ならないようにすると、コンロを使っている間にあえ物を作るなど、効率よく調理できる。また、調理法が違うと料理の食感も変わる。

3 彩り で選ぶ

 メイン — 茶＋緑＋赤

\+

 副菜 — 黄　汁物 — 白

> 赤、黄、緑、白、茶（黒）をできるだけそろえて。カラフルな料理が並ぶことで食欲が増すうえに、栄養バランスが整うメリットも。

脱！自己流

Chapter 4

副菜メニュー

もう献立に困らない！

おひたし、白あえ、グリーンサラダ。毎日の食卓に登場させたい、野菜たっぷりの副菜を紹介します。おいしいサブおかずはメインディッシュのおいしさを、より引き立たせてくれますよ。

筑前煮

鶏肉はほかの素材と一緒に煮ずに、焼いてあとから加えると、しっとりふんわり仕上がります。

1人分 **316**kcal／塩分 **2.6**g／糖質 **22.4**g

材料（2人分）

- 鶏もも肉 …………………150g
- にんじん …………………½本
- れんこん、ごぼう ……各80g
- 干ししいたけ ………………3枚
- こんにゃく ………………120g
- サラダ油 ………………小さじ2

A
- しょうゆ ……………小さじ2
- 砂糖、みりん ……各小さじ1

[煮汁]

B
- だし汁 ………………150㎖
- 酒、しょうゆ、砂糖 ……………………各大さじ1
- 塩 ……………………………少々

副菜メニュー

筑前煮

作り方

● 下準備をする

1
鶏肉はひと口大に、れんこん、ごぼうは乱切り（→P.14-5）にし、水にさらす。

2
にんじんは乱切りにし、しいたけはもどして軸を切り落とし、半分に切る。こんにゃくは手でちぎって熱湯でさっとゆでる。

3
フライパンにサラダ油小さじ½を強火で熱し、鶏肉をこんがりと焼いて取り出し、Aと混ぜ合わせておく。

脱！自己流　ポイント1

鶏肉を一度取り出すことで、かたくなるのを防ぎます。

● 炒め煮にする

4
残りのサラダ油を強火で熱し、ごぼう、れんこん、にんじんの順に加えて炒め、こんにゃく、しいたけをさっと炒める。

5
Bを加えてふたをして煮立たせ、弱火で7〜8分煮る。3を汁ごと加え、さらに7〜8分煮る。

汁ごと加えて！

脱！自己流　ポイント2

鶏肉のうまみが出たAも加えて調味します。

6
ふたを開け強火にし、煮汁をからめながらとばして器に盛る。

Arrange Recipe アレンジレシピ

手羽先とごぼうと大豆の炒め煮

1人分 **339**kcal ／ 塩分 **2.3**g ／ 糖質 **9.3**g

材料（2人分）

手羽先	6本
ごぼう（乱切り）	60g
大豆（水煮）	100g
赤唐辛子（斜め切り→P.15-11）	½本分
ごま油	小さじ1
A　だし汁	150ml
酒	大さじ2
砂糖	大さじ1
しょうゆ	大さじ1½

作り方

1 ごぼうは水にさらして水けをきる。赤唐辛子は種を除いておく。

2 フライパンにごま油を熱し、手羽先をきつね色になるまで焼いて、ごぼうを加えてさっと炒める。

3 大豆（ゆで汁ごと）、赤唐辛子、Aを加えてふたをし、煮立ったら弱火で**10分**煮て、ふたを開けて強火にし、煮汁をからめながらとばす。

かぼちゃの煮物

かぼちゃは皮を下にして並べ、さわらずに煮ると煮くずれしにくくなります。

1人分 **106**kcal ／ 塩分 **1.0**g ／ 糖質 **19.3**g

材料（作りやすい分量）

- かぼちゃ（種、ワタを取る） …………………… 300g
- **A**
  - だし汁 ………… 150ml
  - 酒 …………… 大さじ1
  - 砂糖 ………… 小さじ1½
  - しょうゆ …… 小さじ2
  - 塩 …………… 小さじ⅙

作り方

1　下準備

かぼちゃの種とワタをスプーンで取り除く。

2

かぼちゃはゆっくりとテコの原理でひと口大に切る。

脱！自己流　ポイント1
ひと口大は、3cm四方をめやすに。

実寸はこれくらい！

3

鍋にAを入れて混ぜ合わせ、2を、皮を下にして並べる。

4　煮る

ふたをして**中火**にかけて煮立たせ、沸騰したら**弱火で15分煮る**。

中火 → 弱火

脱！自己流　ポイント2
煮るときは、動かしたり、箸で混ぜたりしないように注意。

プラスα

かぼちゃの角をそぎ落として面取りをすると、より煮くずれしにくくなります。

副菜メニュー

かぼちゃの煮物／ひじきの炒め煮

ひじきの炒め煮

時間をかけてもどすことが、ふっくらおいしく炊き上げるコツ！

1人分 **62**kcal ／ 塩分 **1.6**g ／ 糖質 **5.7**g

材料（作りやすい分量）

ひじき（乾燥）……… 20g
にんじん（太めのせん切り →P.15-13）……… 30g
油揚げ（油抜きし、横半分に切ってさらにせん切り）……… ½枚
サラダ油 ……… 小さじ1
A だし汁 ……… 150ml
　しょうゆ ……… 大さじ1½
　酒、砂糖 ……… 各大さじ1

作り方

1 下準備
ひじきはさっと洗い、水で20〜30分もどし、ざるにあげて洗って水けをきる。

脱！自己流 ポイント
時間を短縮せず、しっかりもどしましょう。

2
にんじん、油揚げは材料表通りに切る。

3 煮る
鍋にサラダ油を熱し、にんじんを炒め、1、油揚げを加えて**中火**でさっと炒める。

4
Aを加えて混ぜ合わせる。

中火

5
鍋にふたをして煮立たせて、**弱火で15分**煮て、器に盛る。

中火 → 弱火

切り干し大根の煮物

しっかりともみ洗いすると特有の大根臭さが抜けます。

1人分 **66**kcal ／ 塩分 **1.2**g ／ 糖質 **10.0**g

材料（作りやすい分量）

- 切り干し大根 ……… 30g
- にんじん …………… 40g
- さつま揚げ …… 1枚（30g）
- **A**（混ぜておく）
  - だし汁 ………… 250mℓ
  - 砂糖 ………… 大さじ⅔
  - 酒、しょうゆ … 各大さじ1

作り方

1　下準備

切り干し大根はもみ洗いして水を捨て、新しい水で**20分**もどす。

脱！自己流　ポイント

しっかりもみ洗いすると、特有の臭みが抜けます。

2

にんじんは短冊切り（→P.15-12）、さつま揚げは油抜きして5mm幅に切る。

3　煮る

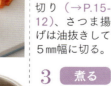

鍋に**A**を入れて煮立て、2、しっかり絞った1を入れる。（中火）

4

全体をさっと混ぜてなじませる。（中火）

5

鍋にふたをして煮立たせて、**弱火**で**15分**煮て、器に盛る。（中火→弱火）

副菜メニュー

切り干し大根の煮物／きんぴら2種

きんぴら2種

調味料は蒸発しやすく、焦げやすいので火を止めてから加えて。

[きんぴらごぼう]（左）
1人分 94kcal／塩分 1.1g／糖質 9.0g

[れんこんとエリンギのきんぴら]（右）
1人分 90kcal／塩分 1.2g／糖質 11.6g

材料（2人分）

[きんぴらごぼう]
- ごぼう（4cm長さのせん切り→P.15-13）……100g分
- にんじん（ごぼうより細めのせん切り）……30g分
- 赤唐辛子（小口切り→P.15-10）……½本
- ごま油……小さじ1½
- A（混ぜておく）
  - 砂糖……小さじ2½
  - 酒、しょうゆ……各小さじ2
  - 塩……少々
- 白いりごま……少々

[れんこんとエリンギのきんぴら]
- れんこん（薄い半月切り→P.14-2）……100g分
- エリンギ（半分に切り薄切り→P.14-4）……1本
- パプリカ（せん切り）……¼個分
- ごま油……小さじ1と½
- B（混ぜておく）
  - みりん、しょうゆ……各小さじ2
  - 塩、七味唐辛子……少々

作り方

[きんぴらごぼう]

1 下準備

ごぼう、にんじん、赤唐辛子は材料表通りに切り、ごぼうは水にさらす。

2 炒める
フライパンにごま油を入れて強火で熱し、ごぼうを入れて1分ほど炒める。

3

にんじん、赤唐辛子を加えてしんなりするまで炒める。

4 火を止めてAを加える。

脱！自己流ポイント
調味料はすぐに蒸発するので、火を止めて加えるのがコツ。

5 火を止めたまま汁けがなくなるまで炒め合わせ、ごまをふる。

[れんこんとエリンギのきんぴら]
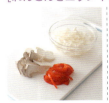
れんこん、エリンギ、パプリカは材料表通りに切り、れんこんは水にさらして水けをきり、「きんぴらごぼう」と同様の手順で炒める。

ほうれん草のおひたし

水けを絞ってしょうゆ洗いをすると、水分が抜けて味がしまります。

1人分 20kcal／塩分 0.7g／糖質 0.7g

材料（2人分）

- ほうれん草 …………… 150g
- しょうゆ …………… 小さじ½
- A（混ぜておく）
  - だし汁 ………… 大さじ1
  - しょうゆ ……… 小さじ1
- かつお節 …………… 少々

作り方

1 下準備

ほうれん草は根元をそぎ、十字に切り目を入れる。

2

根元をボウルにためた水でよく洗ったあと、流水で洗う。

3

沸騰した湯に根元から入れて**10秒**ほどゆで、葉も入れて**30秒**ほどゆでる。

強火

4

冷水にとって冷まし、水けを絞る。

5

3cm長さに切りそろえ、しょうゆを混ぜ合わせて、水けを絞る。

脱！自己流 ポイント

この「しょうゆ洗い」をすると味が決まります。

6 あえる

器に盛り、Aをかけ、かつお節をふる。

副菜メニュー

ほうれん草のおひたし／小松菜と油揚げの煮びたし／さやいんげんのごまみそあえ

小松菜と油揚げの煮びたし

小松菜を下ゆでし色止めしておくと、色鮮やかでシャキッとした一品に。

1人分 **51**kcal／塩分 **1.0**g／糖質 **3.5**g

材料（2人分）
- 小松菜‥‥‥‥‥‥200g
- 油揚げ‥‥‥‥‥‥½枚
- A ┃ だし汁‥‥‥‥‥200㎖
- ┃ しょうゆ‥‥‥小さじ2
- ┃ みりん‥‥‥‥小さじ1½
- ┃ 塩‥‥‥‥‥‥‥少々

● 作り方
1 小松菜は根元をそぎ、十字に切り目を入れてよく洗う。
2 鍋に湯を沸かし、1を根元から入れてさっとゆで、冷水にとって冷まし、軽く絞って3cm長さに切りそろえる。
3 油揚げは熱湯をかけ、横半分に切り、さらにせん切り（→P.15-13）にする。
4 鍋にAを入れて混ぜ合わせ、強火で煮立たせる。
5 4に3を入れて煮立ったら、2を加えてふたをし、煮立ったら弱火で5分ほど煮る。

 ポイント
小松菜はゆでたらすぐに冷水にさらして色止めしましょう。

さやいんげんのごまみそあえ

あえ衣はむらにならないようよく混ぜ合わせて。

1人分 **49**kcal／塩分 **0.6**g／糖質 **3.1**g

材料（2人分）
- さやいんげん‥‥‥100g
- しょうゆ‥‥‥‥小さじ½
- [あえ衣]
- みそ‥‥‥‥‥‥小さじ1
- 砂糖‥‥‥‥‥‥小さじ½
- 黒すりごま‥‥‥大さじ1

● 作り方
1 さやいんげんは、鍋に湯を沸かして1～2分ゆでる。
2 1を冷水にとって冷まし、水けをしっかりきる。
3 2を斜め切り（→P.15-11）にし、しょうゆを混ぜ合わせて、水けを絞る。
4 砂糖、みそを混ぜ合わせ、ごまを加えてさらに混ぜ合わせ、3を加えてあえる。

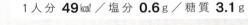 ポイント
あえ衣はなめらかになるまでゴムべらなどでよく混ぜ合わせましょう。

春菊とにんじんの白あえ

豆腐の水けは軽く絞るとなめらかな食感に。

1人分 **120**kcal ／ 塩分 **1.3**g ／ 糖質 **6.9**g

材料（2人分）

- 春菊　　　　　　　　60g
- にんじん（短冊切り→P.15-12）
  　　　　　　　　　⅓本分
- こんにゃく（短冊切り）
  　　　　　　　　　50g分
- **A**（混ぜておく）
  - だし汁　　　　　　50㎖
  - 砂糖　　　　　　小さじ⅔
  - しょうゆ　　　　小さじ½
  - 塩　　　　　　　　少々

[あえ衣]
- 木綿豆腐　　　　½丁（150g）
- **B**（混ぜておく）
  - 白練りごま　　　　小さじ2
  - 砂糖　　　　　　小さじ1½
  - 塩　　　　　　　小さじ¼
  - しょうゆ　　　　　　少々

作り方

1 下準備

春菊は熱湯でさっとゆで、冷水にとって冷まし、水けを絞り2㎝長さに切る。

2

にんじん、こんにゃくは材料表通りに切り、こんにゃくはさっとゆでる。

3

強火 → 弱火

鍋に**A**、**2**のにんじん、こんにゃくを入れてふたをし、煮立ったら弱火で10分ほど煮て冷ます。

4

豆腐はペーパータオルに包んで、水けを絞る。

脱！自己流　ポイント

水けを絞りすぎるとボロボロになるので軽く絞りましょう。

5

4をざるでこす。

6 あえる

5に**B**、**1**、**3**を加え、さっくりとあえる。

副菜メニュー

春菊とにんじんの白あえ／きゅうりとたこの酢の物／焼きなす

きゅうりとたこの酢の物

味が薄まりがちな酢の物は、きゅうりにひと塩でレベルアップ。

1人分 **59**kcal／塩分 **1.1**g／糖質 **5.5**g

● 作り方
1. わかめは熱湯で **5秒** ほどゆで、水にとって冷まし、ひと口大に切る。
2. きゅうりは小口切り（→P.15-10）にし、塩少々（分量外）を混ぜ合わせて **5分** ほどおき、水けを軽く絞る。
3. しょうがはせん切り（→P.15-13）に、たこは小口切りにする。
4. ボウルにAを入れ、混ぜ合わせる。
5. 4に水けを絞った1、2、3を加えさっくり混ぜ合わせる。

材料（2人分）
- きゅうり ………… 1本
- わかめ（水でもどす）… 40g
- ゆでだこ ………… 60g
- しょうが（薄切り→P.14-4）
  ………… 2枚分
- A
  - 酢 ………… 大さじ2
  - 砂糖 ………… 大さじ1
  - 塩 ………… 小さじ1/5
  - しょうゆ ……… 小さじ1/4

脱！自己流 ポイント
きゅうりは軽く塩をして絞っておくと、味がなじみやすくなります。

焼きなす

皮を焦がすように焼くと、香ばしい焼きなすに。

1人分 **42**kcal／塩分 **0.8**g／糖質 **5.6**g

材料（2人分）
- なす ………… 4本
- おろししょうが … 1片分
- かつお節、しょうゆ
  ………… 各適量

● 作り方
1. なすはグリルに入れ、**強火** で皮がこんがりとするまで片面 **5分** ずつ焼く。
2. 熱いうちに手で1の皮をむき、食べやすく切り分けて、器に盛る。
3. かつお節、おろししょうがを添え、しょうゆをかける。

脱！自己流 ポイント
なすの皮は熱いうちにむくとするりとむけます。やけどしないように注意しましょう。

グリーンサラダ

野菜の水きりをきっちりすると、シャキシャキ食感が楽しめるワンランク上のサラダの完成。

1人分 **75**kcal／塩分 **0.6**g／糖質 **2.4**g

材料（サラダは2人分・ドレッシングは作りやすい分量）

- レタス……………………4枚
- きゅうり…………………1本
- ベビーリーフ……………20g

[ドレッシング]
- 酢…………………………小さじ1
- 塩…………………………小さじ⅙
- こしょう…………………少々
- マスタード………………小さじ¼
- サラダ油…………………大さじ1

副菜メニュー
グリーンサラダ

作り方

サラダを作る

1 レタスは冷水につけてパリッとさせて、ひと口大にちぎる。

2 1はキッチンペーパーなどで水けをふいておく。

脱！自己流 ポイント1
野菜の水けはしっかりふきましょう。シャキシャキの歯ざわりが残ります。

3 きゅうりは小口切り（→P.15-10）にしておく。ベビーリーフも洗って水けをふいておく。

ドレッシングを作る

4 酢、塩、こしょう、マスタードを混ぜ合わせる。

5 サラダ油を加えて、白っぽく乳化するまでよく混ぜる。

脱！自己流 ポイント2
乳化してとろみが出るとサラダに味がからみやすくなります。

6 2、3をさっくりと混ぜ合わせて器に盛り、5を添える。サラダは箸で持ち上げるように山高に盛るときれい。

Arrange Recipe アレンジレシピ

混ぜるだけでOK！ドレッシングレシピ

※調味料を混ぜ合わせて塩や砂糖を溶かしてから、最後に油を加えてよく混ぜ合わせる。

材料（作りやすい分量）

[オニオンドレッシング]
- おろし玉ねぎ……………１/４個分
- おろしにんにく……………少々
- 酢……………………………小さじ2
- オリーブ油…………………大さじ1
- 塩……………………………小さじ１/３
- こしょう……………………少々
- かつお節……………………1g
- しょうゆ……………………小さじ１/２

[シーザードレッシング]
- にんにく（みじん切り→P.15-14）……………………………少々
- アンチョビー（みじん切り）…１/４枚分
- マヨネーズ、プレーンヨーグルト……………………………各大さじ1
- 粉チーズ……………………小さじ2
- オリーブ油…………………小さじ1
- 塩、こしょう………………各少々

[中華ドレッシング]
- 長ねぎ（みじん切り）、酢、ごま油……………………………各小さじ1
- 白いりごま…………………小さじ１/３
- 赤唐辛子……………………１/４本分
- しょうゆ……………………大さじ1
- 砂糖…………………………小さじ１/４

ポテトサラダ

じゃがいもは水けをとばすようにゆでるとホクホクになります。

1人分 **275** kcal ／ 塩分 **1.3** g ／ 糖質 **22.6** g

材料（2人分）

- じゃがいも……………2個
- にんじん………………30g
- 塩、こしょう………各少々
- きゅうり（小口切り→P.15-10）
  ……………………½本
- 塩………………………少々
- ハム（せん切り→P.15-13）
  ……………………2枚分
- ゆで卵（粗みじん切り→P.15-14）……1個分
- A（混ぜておく）
  - マヨネーズ……大さじ2½
  - プレーンヨーグルト
    …………………大さじ1
  - 砂糖……………小さじ¼
  - マスタード……小さじ½
  - 塩、こしょう……各少々

作り方

1 下準備

じゃがいもはひと口大（→P.12）に切り水にさらし、にんじんは1cm角（→P.12）に切る。

2

1をかぶるくらいの水とともに鍋に入れ、沸騰したらふたをして弱火にし15分ほど煮る。
（中火→弱火）

3

火が通ったらざるにあげて水けをきる。

4

3を鍋に戻し、中火で水けをとばすようにして、塩、こしょうをして冷ます。
（中火）

脱！自己流 ポイント
じゃがいもの水けをとばすことでホクホクの食感に。

5

きゅうり、ハム、ゆで卵は材料表通りに切り、きゅうりに塩をふり、水けを絞る。

6 あえる

ボウルに4、5、Aを入れて、さっくりとあえる。

副菜メニュー

ポテトサラダ／コールスロー

コールスロー

材料はレシピ通りに切っておくと、食感よく、調味料のなじみもよくなります。

1人分 **79**kcal ／塩分 **1.1**g ／糖質 **8.6**g

材料（2人分）

- キャベツ ……………… 3枚
- 玉ねぎ、にんじん … 各20g
- 塩 ……………… 小さじ⅓
- ホールコーン ………… 30g
- A
  - 砂糖 ………… 小さじ½
  - 酢 …………… 大さじ1
  - サラダ油 …… 小さじ1½
  - こしょう ………… 少々

作り方

1 下準備
キャベツは太めのせん切り（→P.15-13）、玉ねぎとにんじんはせん切りにする。

脱！自己流 ポイント
味がなじみにくい玉ねぎ、にんじんは細めに切りましょう。

2 ボウルに玉ねぎ、にんじん、塩を入れる。

3 手で軽くもんで、しんなりさせる。

4 ボウルにキャベツとコーンを加える。

5 3を加え、全体を手でさっと混ぜ合わせる。

6 あえる
Aを加え、箸でよく混ぜ合わせる。

キャロットラペ

デリの人気メニューも、塩もみすることでおいしく作れます！

1人分 **72**kcal／塩分 **0.6**g／糖質 **6.8**g

材料（2〜3人分）
- にんじん……………大1本
- サラダ油……………大さじ1
- A
  - レモン汁………大さじ1
  - はちみつ………小さじ1
  - マスタード……小さじ½
  - 塩………………小さじ¼
  - こしょう………少々

● 作り方

1. にんじんは細めのせん切り（→P.15-13）にする。
2. 1に塩少々（分量外）をもみ込んで、しんなりさせておく。
3. ボウルにAを入れて混ぜ合わせ、サラダ油を加えてさらに混ぜる。
4. 3に2のにんじんを加えて、よく混ぜ合わせる。

ポイント
塩をもみ込んでおくことで、味がなじみ、しんなりとした食感になります。

ピクルス

漬け汁と野菜を電子レンジで加熱するからしっかりと味がしみる！

1人分 **62**kcal／塩分 **0.6**g／糖質 **11.8**g

材料（作りやすい分量）
- セロリ、きゅうり…各1本
- にんじん……………⅓本
- しょうが……………10g
- レモン
  - （半月切り→P.14-2）
  ………………………2枚
- A
  - 赤唐辛子………½本
  - ローリエ………1枚
  - ブラックペッパー…8粒
  - クローブ………1本
  - 酢………………大さじ3
  - 水………………100㎖
  - 砂糖……………大さじ1½
  - 塩………………小さじ⅕

● 作り方

1. セロリときゅうりは乱切り（→P.14-5）に、にんじんは3cm長さの拍子木切りにする。
2. 1と塩小さじ⅙（分量外）を混ぜて、**5分**ほどおいて**水けをきる**。
3. しょうがは薄切り（→P.14-4）にする。
4. Aを耐熱ボウルに入れて混ぜ合わせ、3、レモン、2を入れ、落としぶたのようにラップをして、**電子レンジで1分30秒**加熱し、そのまま冷ます。
5. 半日ほど**室温**において漬ける。

※冷蔵庫で1週間ほど保存可能。

ポイント
ラップで漬け汁と野菜を密着させるのがコツ。

彩ナムル

ゆでた野菜はしっかり水けをきると水っぽくなりません。

材料（2人分）
- ほうれん草……80g
- にんじん……40g
- もやし（ひげ根を取る）……1袋（240g）
- A
  - 長ねぎ（みじん切り→P.15-14）、白すりごま……各小さじ1
  - にんにく（みじん切り）……少々
  - 塩、砂糖……各小さじ¼
  - ごま油……小さじ1
  - しょうゆ……小さじ½
  - 粉唐辛子……少々

作り方
1. にんじんはせん切り（→P.15-13）にする。
2. 鍋に湯を沸かし、1、もやしを入れてさっとゆでる。ざるにあげて冷まし、水けを絞っておく。
3. ほうれん草はさっとゆでて3cm長さに切り、水けを絞る。
4. Aをボウルに入れ、混ぜ合わせて、2、3を加えてあえる。

1人分 65kcal／塩分 1.0g／糖質 4.1g

脱！自己流ポイント
野菜が水っぽいと味が薄まるので、水けはしっかり絞って。

中華サラダ

春雨は熱湯でもどして、しっかり水けをきります。

材料（2人分）
- 春雨……40g
- きゅうり……½本
- ハム……2枚
- 卵……1個
- A
  - 砂糖……小さじ1
  - 塩……少々
- サラダ油……少々
- B
  - 酢……大さじ1
  - しょうゆ……小さじ1
  - 砂糖……小さじ2
  - ごま油……小さじ1½
  - 塩……小さじ⅓
  - 練りからし……少々

1人分 200kcal／塩分 1.9g／糖質 22.6g

作り方
1. きゅうり、ハムはせん切り（→P.15-13）にする。
2. 春雨は熱湯に入れてもどし、ざるにあげ、さっと洗って水けをきり、食べやすく切る。
3. 卵はボウルに割りほぐし、Aを混ぜ合わせる。サラダ油を強火で熱したフライパンに流し入れ、いり卵を作って冷ましておく。
4. ボウルにBを入れて、よく混ぜ合わせる。
5. 4に1、2、3を加え、さっくりと混ぜ合わせる。

脱！自己流ポイント
春雨はわざわざゆでなくても熱湯でもどせます。水っぽくならないようしっかり水けを絞って。

副菜メニュー
キャロットラペ／ピクルス／彩ナムル／中華サラダ

Rank up! デパ地下風サラダを作ってみよう

デパ地下の人気メニューをお手本に、ちょっとおしゃれなサラダを作ってみませんか？

＼ドレッシングになじませて／
いかのマリネサラダ

1人分 183kcal ／ 塩分 1.4g ／ 糖質 5.3g

材料（2人分）

- いか ……………… 1杯
- 玉ねぎ …………… ½個
- きゅうり ………… ¼本
- セロリ …………… 30g

[ドレッシング]
- 酢 ………………… 小さじ2
- 塩 ………………… 小さじ¼
- こしょう ………… 少々
- 砂糖 ……………… 小さじ⅕
- サラダ油 ………… 大さじ1½
- 粒マスタード …… 小さじ1

● 作り方

1. 玉ねぎ、きゅうりはせん切り（→P.15-13）、セロリは3〜4cmのせん切りにする。
2. いかは目とくちばし、内臓を取り、足は吸盤を取る。鍋に湯を沸かして入れ、表面の色が変わったらざるにあげて冷まし、胴は薄い輪切り（→P.14-1）にし、足は食べやすく切る。
3. ドレッシングを作る。酢、塩、こしょう、砂糖を混ぜて溶かし、サラダ油を加えて混ぜ合わせる。粒マスタードを加えてさらに混ぜ、1、2を加えてさっくり混ぜ、15分ほどおいて味をなじませる。

＼いちょう切りにしたレモンがアクセント／
アボカドサーモンサラダ

1人分 188kcal ／ 塩分 1.7g ／ 糖質 5.1g

材料（2人分）

- アボカド ………… ½個
- スモークサーモン … 60g
- ルッコラ、玉ねぎ
  ………………… 各20g
- レタス …………… 3枚
- トマト …………… 小1個

[ドレッシング]
- レモン（いちょう切り →P.14-3）
  ………… 薄切り2枚分
- オリーブ油 ……… 大さじ1
- 酢 ………………… 小さじ1
- 砂糖 ……………… 小さじ¼
- 塩 ………………… 小さじ⅕
- こしょう ………… 少々

● 作り方

1. アボカドは半分に切り、種を取り皮をむいてひと口大に切る。
2. サーモン、ルッコラは食べやすく切り、レタスはちぎり、トマトはくし形切り（→P.14-6）にする。玉ねぎはせん切り（→P.15-13）にして水にさらして水けをきる。
3. 器に1、2を盛り、混ぜ合わせたドレッシングを回しかける。

Rank up!

デパ地下風サラダを作ってみよう

\肉をプラスしてサラダを主役に/
グリルチキンのホットサラダ

1人分 **380**kcal ／ 塩分 **1.4**g ／ 糖質 **15.3**g

材料（2人分）
鶏もも肉 ………… 1枚
塩 ………… 小さじ⅙
こしょう ………… 少々
じゃがいも ………… 1個
パプリカ（赤）…… ½個
玉ねぎ ………… ¼個
ズッキーニ ………… ½本
オリーブ油 …… 小さじ2

[ドレッシング]
オリーブ油 …… 小さじ2
バルサミコ酢 … 小さじ½
酢 ………… 小さじ1
こしょう、にんにく
（みじん切り→P.15-14）
 ………… 各少々
塩 ………… 小さじ¼

● 作り方
1 鶏肉はフォークで皮に数か所穴をあけ、塩、こしょうをする。
2 じゃがいもは洗ってラップに包み、電子レンジで2分ほど加熱してくし形切り（→P.14-6）にする。パプリカは乱切り（→P.14-5）、玉ねぎは半分に切り、ズッキーニは輪切り（→P.14-1）にする。
3 フライパンに半量のオリーブ油を中火で熱し、2をこんがりと焼いて火が通ったら取り出す。
4 3のフライパンをさっとふいて、残りのオリーブ油を入れて中火で熱し、1を入れる。両面を中〜弱火でこんがりと焼いて火を通してひと口大に切る。
5 器に3、4を盛り合わせ、混ぜ合わせたドレッシングを回しかける。

\えびに下味をつけるのがポイント/
えびマヨサラダ

1人分 **186**kcal ／ 塩分 **1.1**g ／ 糖質 **2.6**g

材料（2人分）
えび（殻つき）… 小10尾
A レモン汁 …… 小さじ1
  塩、こしょう …各少々
ブロッコリー …… 100g
レタス ………… 2枚
ゆで卵 ………… 1個

[ドレッシング]
マヨネーズ …… 大さじ2
プレーンヨーグルト
 ………… 大さじ1
砂糖 ……… ひとつまみ
塩、こしょう …… 各少々
玉ねぎ（みじん切り
→P.15-14）… 小さじ1

● 作り方
1 ブロッコリーは小房に分けて熱湯でさっとゆでる。
2 えびは背ワタを取り、1の湯でさっとゆで、殻をむいてAを混ぜ合わせる。
3 ゆで卵は粗く刻み、半分をドレッシングの材料と混ぜ合わせ、1、2とさっくりと混ぜ合わせる。ちぎったレタスとともに器に盛り、残りのゆで卵を散らす。

おかずの保存

おかずの作りおきは、毎日の食事作りをラクにするための定番テクニック。
保存のための道具や保存方法を知っておきましょう。

便利な保存グッズ

● ホーロー容器
おかずの色やにおいがつきにくいので、清潔に保存できる。耐熱性、耐久性もあり、作りおきにおすすめの容器。

● 冷凍用保存袋
密閉できるので、霜もできにくく、冷凍保存に最適。袋タイプなら、省スペースで保存できる。

● ラップ
おかずを小分けに包んで保存するときに。ピタッと包める吸着性の高いものがよい。

冷蔵

清潔な容器に入れる
雑菌が繁殖しないように煮沸したホーローなどの容器におかずを入れる。おかずは冷めてから入れ、箸も清潔なものを使って。

ふたをして密閉する
おかずを保存するときは、なるべく空気にふれないようにすることが大切。しっかりとふたをして密閉して。

冷蔵保存のめやす
濃いめの味つけの煮物など、多くの常備菜の保存めやすは3〜4日。保存期間は冷蔵の状態によっても異なるので、食べる前にしっかり確認を。

冷凍

1回分ずつラップで包む
使いやすい分量を小分けにしてラップで包む。こうすると1回に使う量だけを解凍できるので便利。

冷凍用保存袋に密閉する
冷凍用保存袋に入れて、空気を抜いて冷凍する。空気にふれると冷凍焼けしやすいので、しっかり空気を抜いて。

冷凍保存のめやす
調理済みのおかずなら、冷凍しておけば3週間ほど持つ。電子レンジで温めれば、解凍+温めが同時にできる。

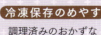

食材ごとの保存法はP.186から！

脱！自己流

Chapter 5
ごはん・汁物・麺・パン

毎日食べたい

ごはんやみそ汁は、ついつい自己流で作りがち。きちんとレシピに沿って作ると、ふっくらごはんや、みその香りが立ち上がるみそ汁が作れて感動しますよ。

鍋炊きごはん

米はやさしく洗い、水きりをすること、水はきっちり分量通りに入れること。正しい手順をふめば、おいしく炊けます。

1人分 **267** kcal ／ 塩分 **0.0** g ／ 糖質 **57.5** g

材料（2人分）
米 ……………… 1合（180㎖）
水 ……………… 220㎖
※炊飯器で炊く場合は200㎖

米と水の割合
米2合（360㎖）：水400㎖
米3合（540㎖）：水650㎖
水加減はお好みに合わせて調整してください。

ごはん・汁物・麺・パン

鍋炊きごはん

作り方

米を研ぐ

1 ボウルに米、かぶるくらいの水（分量外）を入れて、すぐに**手でさっと**かき混ぜる。

2 ざるにあげてボウルの水を捨てる。

3 ふたたびかぶるくらいの水（分量外）を入れて、指を立てて**3～4回**かき混ぜ、水を**2～3回**変えてすすぐ。

脱！自己流 ポイント1
力を入れて研ぐと米が割れてしまうことがあるので注意。最近は精米技術が発達しているので、水が透明になるまで研がなくてOKです。

4 米をざるにあげて、水けをよくきり、米と分量の水を鍋に入れ、ふたをして**30分**浸水させる。

炊く

5 4を**強火**にかけて沸騰したら、**中火で5分**、さらに**弱火で5分**加熱し、最後に**3秒強火**にして火を止める。

強火 → 中火 → 弱火 → 強火

脱！自己流 ポイント2
ふたのわきからふつふつと湯気が出てきたら沸騰している合図です。ふたはとらないこと。

6 5を**10分**蒸らしてからしゃもじで**十字**に切り込みを入れて混ぜ、器に盛る。

Arrange Recipe アレンジレシピ

おかゆ（全がゆ）

1人分 **134**kcal ／ 塩分 **0.0**g ／ 糖質 **28.7**g

材料（4人分）
米 ……………………… 1合（180㎖）
水 ……………………… 1000㎖

作り方
1 米を研ぎ、鍋に分量の水とともに入れ、**30分**浸水させる。
2 ふたをして**中火**にかけ、煮立ったらひと混ぜして**弱火**にし、**30分**炊く。

米と水の割合

| 全がゆ…米1：水5～6 |
| 七分がゆ…米1：水7 |
| 五分がゆ…米1：水10 |

おにぎり

手の大きさに合わせた適量のごはんを**やさしくにぎる**ことが、ふんわりおにぎりの基本です。

1人分 **357**kcal／塩分 **1.5**g／糖質 **60.1**g

材料（2人分）
- 温かいごはん……………320g
- 水、塩………………………各適量

[具]
- 甘塩鮭（切り身）…………1切れ
- 梅干し………………………1個
- 白いりごま…………………小さじ1

- のり…………………………½枚
- 黒いりごま…………………適量
- 好みの漬け物………………適量

ごはん・汁物・麺・パン

おにぎり

作り方

ごはんをにぎる

1 手に水少々をつけ、塩少々をつける。

2 ごはんを¼量手のひらにのせる。

3 鮭はグリルで焼いて骨と皮を除いてほぐし、種を取ってたたいた梅干し、白ごまと混ぜ合わせ、¼量をごはんの中心にのせる。

脱！自己流　ポイント1

お弁当用には、直接手に触れないよう、<u>ラップを敷いてにぎる</u>と衛生的で安心です。

4 具が隠れるように、少量のごはんをのせる。

5 両手で軽くごはんをまとめて、指の角を使いながら<u>やさしくにぎっていく</u>。これを4個作る。

脱！自己流　ポイント

ぎゅうぎゅうとにぎらず、<u>ふんわりとまとめて</u>いきましょう。

仕上げる

6 5の半分に2つに切ったのりを巻き、もう半分に黒ごまをふり、器に盛って漬け物をそえる。

Arrange Recipe アレンジレシピ

おにぎりの具バリエーション ※ごはんの熱量は除く

肉みそ　1人分 **98**kcal／塩分 **1.7**g／糖質 **3.3**g

材料（作りやすい分量）

豚ひき肉	100g
長ねぎ（粗みじん切り→P.15-14）	5cm分
ごま油	小さじ1
A　みそ	大さじ3
酒	大さじ1
砂糖	小さじ1

作り方

1 フライパンにごま油を**強火**で熱し、ひき肉、長ねぎを入れポロポロになるまで炒める。

2 火を止め、**A**を加え混ぜ合わせたら、**中火**にかけて練り合わせる。

チーズおかか　1人分 **74**kcal／塩分 **1.0**g／糖質 **0.6**g

材料（2人分）

プロセスチーズ	40g
かつお節	2g
しょうゆ	小さじ1

作り方

1 チーズは小さめの角切りにし、かつお節、しょうゆと混ぜ合わせる。

オムライス

ふんわり卵は、火を入れすぎないこと、手早くごはんを包むことで実現。練習を重ねて、マスターしましょう！

1人分 **654** kcal ／塩分 **2.6** g ／糖質 **64.3** g

材料（2人分）

- 卵 …………………………… 4個
- 塩 …………………………… 少々
- こしょう …………………… 少々

[チキンライス]
- 温かいごはん ……………… 300g
- 玉ねぎ ……………………… ¼個
- 鶏むね肉 …………………… 100g
- 塩、こしょう ……………… 各少々

- バター ……………………… 大さじ1
- トマトケチャップ ………… 大さじ3
- 塩 …………………………… 小さじ⅕
- こしょう …………………… 少々

- サラダ油 …………………… 小さじ1
- トマトケチャップ、
  イタリアンパセリ ……… 各適量

154

ごはん・汁物・麺・パン

オムライス

作り方

チキンライスを作る

1 玉ねぎは5mm角に、鶏肉は1cm角（→P.12）に切る。鶏肉に塩、こしょうをする。

2 フライパンにバターを**中火**で溶かし、1を入れて**2〜3分**炒め、ケチャップを加えて炒め合わせる。ごはんを加え、塩、こしょうで調味する。

🔥中火

> 脱！自己流 ポイント1
> 具材にケチャップを加えて炒めておくことで、ケチャップの酸味をとばして味をまろやかにします。

卵で包む

3 卵は2個ずつ割りほぐして塩、こしょうし、**強火**で熱してサラダ油をひいた小さめのフライパンに流し入れる。

🔥強火

4 3をへらで半熟状になるまで混ぜる。

🔥強火

5 卵の上に2の半量をおき、卵でごはんをおさえるように包む。

🔥強火

> 脱！自己流 ポイント2
> フライパンを軽くゆすりながら卵をむこう側にすべらせるとまとめやすいです。

器に盛る

6 器に返しながら盛り、ペーパータオルで形を整える。ケチャップをかけ、イタリアンパセリを添える。残り半分も同様に作る。

Arrange Recipe アレンジレシピ

とろとろオムライス デミグラスソース

1人分 **720**kcal / 塩分 **3.5**g / 糖質 **72.0**g

材料（2人分）

[とろとろオムレツ]
- 卵・・・・・・・・・・・・・・・・4個
- 牛乳・・・・・・・・・・大さじ1
- 塩、こしょう・・・・・・各少々

[チキンライス]
- 「オムライス」と同様に作る

[ソース]
- マッシュルーム（水煮）・・・・・・50g
- しめじ・・・・・・・・・・・・・・80g
- にんにく（みじん切り→P.15-14）・・・少々
- バター・・・・・・・・・・・・小さじ2
- A ┬ 赤ワイン・・・・・・・・・・大さじ1
  ├ デミグラスソース（市販）・・・70g
  └ トマトケチャップ・・・・・・大さじ2

作り方

1. 「とろとろオムレツ」の材料は混ぜ合わせ、スクランブルエッグ（→P.120参照）を作り、器に盛った半量のチキンライスにのせる。
2. しめじは根元を落として小房に分ける。
3. フライパンにバターを**中火**で溶かし、にんにく、**2**のしめじを炒め、マッシュルーム、**A**を加えて混ぜ合わせ、塩、こしょう各少々（分量外）で味を調え、**1**にかける。

五目炊き込みごはん

ごはんはしっかり浸水させてから、調味料と水分量を調整しましょう。

1人分 **356** kcal ／ 塩分 **1.7** g ／ 糖質 **61.6** g

材料（4人分）

- 米 …………………… 2合
- 鶏もも肉 ………… 100g
- A しょうゆ …… 小さじ1
  └ 酒 ………… 小さじ½
- 油揚げ（油抜きしてせん切り→P.15-13）……… ½枚
- しいたけ（石づきを取り薄切り→P.14-4）……… 2枚分
- ごぼう（ささがき→P.14-8）………………… 40g分
- にんじん（短冊切り→P.15-12）……………… 30g分
- こんにゃく（短冊切り）……………………… 50g分
- B 酒、みりん …各大さじ1
  ├ しょうゆ …… 大さじ½
  └ 塩 ………… 小さじ¾

作り方

1 下準備
米は洗い、炊飯器に入れ2合の目盛りの少し下まで水を入れ30分浸す。

少し下まで！

脱！自己流 ポイント
目盛りの少し下まで水を入れ、浸水後に水分量を調整します。

2 鶏肉は小さいひと口大（→P.12）に切り、Aを混ぜ合わせる。

3 油揚げ、しいたけ、ごぼう、にんじん、こんにゃくは材料表通りに切る。ごぼうは水にさらす。

4 炊飯器にBを入れ、目盛りまで水を加える。

5 ぴったり2合分に水を調整したら、混ぜ合わせる。

6 炊く
2と3を広げ入れ、炊飯器で普通に炊く。

ごはん・汁物・麺・パン

五目炊き込みごはん／五目チャーハン

五目チャーハン

チャーハンは常に強火で、水分をとばすように炒めるとパラパラに。

1人分 **635**kcal ／ 塩分 **2.7**g ／ 糖質 **77.6**g

材料（2人分）

温かいごはん ……… 400g

[具材]
豚ロース薄切り肉（1.5cm幅に切る） ……… 80g分
塩、こしょう ……… 各少々
にんじん（薄い角切り）… 30g分
ピーマン（1cm角に切る）
　……………… 1個分
しいたけ（石づきを取り
　1cm角に切る）…… 2枚分
長ねぎ（粗みじん切り
　→P.15-14）……… ⅓本分

サラダ油 ……… 大さじ1
溶き卵 ……… 2個分
塩 ……… 小さじ½
こしょう ……… 少々
A（混ぜておく）
　酒 ……… 小さじ2
　しょうゆ ……… 小さじ1
　オイスターソース … 小さじ½
ごま油 ……… 小さじ1

作り方

1 下準備
[具材]は材料表通りに切り、豚肉には塩、こしょうする。

2 炒める
フライパンにサラダ油小さじ1を熱し、長ねぎ以外の1を炒めて油がまわったら塩、こしょう各少々（分量外）して取り出す。

3 フライパンを洗って、残りのサラダ油を熱し、溶き卵を半熟になるまで炒める。

4 3の卵の上にごはんをのせ、混ぜ合わせるように炒める。

ポイント 脱！自己流
ごはんを入れたら水分をとばすように炒めましょう。

5 長ねぎを加えて炒め合わせ、2を戻し入れて塩、こしょうする。

6 Aは鍋肌から加えて炒め、ごま油を加えて炒め合わせる。

ちらし寿司

ごはんは熱いうちに合わせ酢を回しかけて、切るように混ぜるとべたっとなりません。

1人分 **533** kcal ／ 塩分 **3.3** g ／ 糖質 **84.1** g

材料（2人分）

- 温かいごはん ……… 1合分
- A
  - 酢 ………… 大さじ1½
  - 砂糖 ………… 小さじ1
  - 塩 ………… 小さじ⅓
- 干ししいたけ（水でもどしてせん切り→P.15-13） ……… 1枚分
- ごぼう（ささがき→P.14-8）、にんじん（3cm長さのせん切り）・各30g分
- 油揚げ（油抜きしてせん切り）‥ ½枚
- サラダ油 ………… 小さじ1
- B
  - だし汁 ………… 50ml
  - 酒、砂糖 ……… 各大さじ1
  - しょうゆ ………… 小さじ4
- C
  - 卵 ………………… 2個
  - 砂糖 ………… 小さじ2
  - 塩 ………………… 少々
- サラダ油 ………… 適量
- れんこん（薄い半月切り→P.14-2） ……… 30g分
- D
  - 酢 ………… 小さじ2
  - 砂糖 ………… 小さじ1
  - 塩 ………………… 少々
- さやえんどう ………… 4枚

作り方

1 下準備
しいたけ、ごぼう、にんじん、油揚げは材料表通りに切る。ごぼうは水にさらす。

2
鍋にサラダ油を熱して1を炒め、Bを加えてふたをして煮立たせ、弱火で10分ほど煮る。

 弱火

3
Cを混ぜ合わせ、サラダ油を熱したフライパンで薄く焼いて冷まし、せん切りにして錦糸卵を作る。

4
れんこんはさっとゆで、熱いうちにDと合わせる。さやえんどうはさっとゆで、斜め切り（→P.15-11）にする。

5
ごはんは熱いうちにAと混ぜ合わせ、全体が混ざったらうちわであおいで冷ます。

脱！自己流 ポイント
ごはんは切るように混ぜ合わせましょう。

6 混ぜる
5に汁けをきった2を混ぜ合わせて器に盛り、3、4を彩りよく散らす。

ごはん・汁物・麺・パン

ちらし寿司／親子丼／牛丼

親子丼

卵は最後に余熱で火を通せば、ふんわりとろとろに。

1人分 602kcal ／ 塩分 3.1g ／ 糖質 79.2g

● 作り方

1 鶏肉はそぎ切り（→P.14-7）にし、玉ねぎはせん切り（→P.15-13）、しいたけは薄切り（→P.14-4）、三つ葉は3cm長さに切る。
2 小さいフライパンにAを入れて**強火**で煮立て、玉ねぎ、鶏肉、しいたけを入れふたをし、煮立たせる。
3 **中火**にして**5分**ほど煮て、割りほぐした卵を回し入れ、三つ葉を散らす。**ふたをして火を止めて**、好みのかたさになるまで余熱で火を通す。
4 丼にごはんを盛り、3をのせる。

材料（2人分）

温かいごはん……丼2杯分	三つ葉……………………10g
鶏むね肉……………100g	A だし汁………………100㎖
卵………………………3個	しょうゆ…………大さじ2
玉ねぎ………………½個	みりん……………大さじ2
しいたけ………………1枚	砂糖………………小さじ2

脱！自己流 ポイント
卵を入れたらふたをしてすぐに火を止めましょう。余熱で火を通すことで、卵がとろとろに仕上がります。

牛丼

牛肉と玉ねぎを弱火で煮込めば甘みとコクが出ます。

1人分 638kcal ／ 塩分 3.0g ／ 糖質 79.0g

● 作り方

1 玉ねぎは太めのせん切り（→P.15-13）にし、しらたきはさっとゆで、食べやすく切る。
2 小さいフライパンにサラダ油を入れて**強火**で熱し、牛肉をさっと炒める。玉ねぎを加えてしんなりするまでさらに炒める。
3 しらたきとAを加え、**ふたをして煮立たせ、弱火で7〜8分煮る**。
4 丼にごはんを盛り、3を汁ごとかけ、紅しょうがを添える。

材料（2人分）

温かいごはん……丼2杯分	A だし汁………………100㎖
牛切り落とし肉……150g	砂糖……………大さじ1½
玉ねぎ………………½個	しょうゆ…………大さじ2
しらたき……………100g	酒…………………大さじ1
サラダ油…………小さじ1	紅しょうが………………適量

脱！自己流 ポイント
牛肉と玉ねぎを弱火で煮込むことで、うまみを凝縮させます。

基本のみそ汁（豆腐とわかめ）

みそはだし汁で溶かすこと、みそを入れたら煮立てすぎないこと。基本をしっかり身につけましょう。

1人分 **53**kcal ／塩分 **1.5**g／糖質 **2.7**g

材料（2人分）

木綿豆腐	80g
わかめ（水でもどす）	30g
長ねぎ	5cm
だし汁	300㎖
みそ	大さじ1

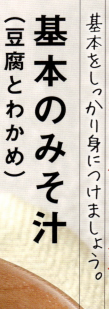

ごはん・汁物・麺・パン

基本のみそ汁（豆腐とわかめ）

作り方

下準備をする

1
豆腐は角切り、わかめはひと口大に切り、長ねぎは小口切り（→P.15-10）にする。

煮る

2
鍋にだし汁を入れて**中火**で煮立て、みそを溶き入れる。

中火

脱！自己流 ポイント1
みそは器に入れ、だし汁を加えて溶かしてから鍋に戻すと、溶け残りません。

3
1を加え、**ひと煮立ち**させて器に盛る。

中火

脱！自己流 ポイント2
火の通りやすい具材は、風味を活かすためにみそを溶き入れたあとに加えます。

Arrange Recipe アレンジレシピ

ほうれん草と油揚げのみそ汁

1人分 **38**kcal ／ 塩分 **1.3**g ／ 糖質 **2.1**g

材料（2人分）
ほうれん草・・・・・・・・・・・・80g
油揚げ・・・・・・・・・・・・・・¼枚
だし汁・・・・・・・・・・・・・・300㎖
みそ・・・・・・・・・・・・・・・大さじ1

作り方
1 ほうれん草は3㎝長さに切り、油揚げは熱湯をかけ短冊切り（→P.15-12）にする。
2 鍋にだし汁を煮立て、1を入れ、みそを溶き入れ、ひと煮立ちさせる。

えのきだけと大根と里いものみそ汁

1人分 **39**kcal ／ 塩分 **1.3**g ／ 糖質 **5.1**g

材料（2人分）
大根・・・・・・・・・・・・・・・50g
里いも・・・・・・・・・・・・・・1個
塩・・・・・・・・・・・・・・・・少々
えのきだけ・・・・・・・・・・・・40g
だし汁・・・・・・・・・・・・・・350㎖
みそ・・・・・・・・・・・・・・・大さじ1

作り方
1 大根はせん切り（→P.15-13）にする。里いもは皮をむき、乱切り（→P.14-5）にし、塩でもんでぬめりを洗い流す。えのきだけは根元を落とし、長さを半分に切る。
2 鍋にだし汁、里いも、大根を入れふたをし、煮立たせてから**弱火**で**10分**ほど煮る。
3 えのきだけを加え、みそを溶き入れ、ひと煮立ちさせる。

あさりとにらのみそ汁

1人分 **35**kcal ／ 塩分 **2.1**g ／ 糖質 **3.1**g

材料（2人分）
あさり（砂抜きする→P.17）・・150g
にら・・・・・・・・・・・・・・・20g
水・・・・・・・・・・・・・・・・350㎖
昆布・・・・・・・・・・・・・・・5㎝
みそ・・・・・・・・・・・・・・・大さじ1

作り方
1 あさりはよく洗い、鍋に水、昆布と一緒に入れ、**中火**にかけて沸騰したら昆布を取り出し、あさりの口が開くまで煮る。
2 みそを溶き入れ、2㎝長さに切ったにらを加え、ひと煮立ちさせる。

けんちん汁

味つけは最後にすると、香りがよくなり、味も濃くなりすぎません。

1人分 **114**kcal ／ 塩分 **1.3**g ／ 糖質 **9.7**g

材料（2人分）

大根	100g
にんじん、ごぼう、れんこん	各40g
こんにゃく	60g
木綿豆腐	⅓丁（100g）
長ねぎ	5cm
ごま油	小さじ1
A　だし汁	400㎖
酒	小さじ2
B　塩	少々
しょうゆ	小さじ2

● 作り方

1. 大根、にんじん、ごぼうは乱切り（→P.14-5）にする。ごぼうは水にさらす。
2. れんこんは厚めのいちょう切り（→P.14-3）にする。こんにゃくは手でちぎり、塩（分量外）でもみ洗いする。豆腐は軽く水けをきる。
3. 鍋にごま油を中火で熱し、れんこん、ごぼう、大根、にんじん、こんにゃくを炒める。
4. 油がまわったらAを入れ、強火にして煮立ったら弱火で15分ほど煮る。
5. B、手で細かく割った豆腐、小口切り（→P.15-10）にした長ねぎを入れひと煮立ちさせる。

脱！自己流ポイント
味つけは、一番最後にしてさっと火を通します。

かき玉汁

卵を加えたら、かき混ぜないでふわっと仕上げて。

1人分 **56**kcal ／ 塩分 **1.5**g ／ 糖質 **2.2**g

材料（2人分）

卵	1個
万能ねぎ	2本
だし汁	400㎖
しょうゆ	小さじ½
塩	小さじ⅓
A（混ぜておく）	
片栗粉	小さじ1
水	小さじ2

● 作り方

1. 万能ねぎは2cm長さに切る。
2. 鍋にだし汁を入れて強火で煮立て、しょうゆ、塩を加える。
3. Aを加えてとろみをつけて煮立たせ、割りほぐした卵を、箸を伝わらせて細く流し入れ、ふわっとするまで火を通す。最後に1を加えて器に盛る。

脱！自己流ポイント
卵は箸を使って少しずつ流し入れ、かたまるまでかき混ぜないようにしましょう。

ごはん・汁物・麺・パン

けんちん汁／かき玉汁／ミネストローネ／オニオングラタンスープ

ミネストローネ

具だくさんのイタリア風スープ。野菜は順番通りに炒めて。

1人分 **159**kcal ／ 塩分 **1.4**g ／ 糖質 **16.1**g

材料（2人分）

玉ねぎ ……………… ½個	キャベツ ……………… 1枚	A 水 ……………… 400㎖
セロリ ……………… 20g	さやいんげん ……… 20g	固形コンソメスープの素
にんじん …………… 40g	にんにく（みじん切り	……………… ½個
ベーコン …………… 1枚	→P.15-14）… 大さじ½	塩 ……………… 小さじ⅙
じゃがいも ………… 小1個	オリーブ油 ……… 小さじ2	こしょう、粉チーズ… 各少々
トマト ……………… ½個		

● 作り方

1. 玉ねぎ、セロリ、にんじん、ベーコン、じゃがいも、トマトは1cm強の角切りにし、じゃがいもは水にさらす。
2. キャベツは2cm大に、さやいんげんはかためにゆで、1cm長さに切る。
3. 鍋にオリーブ油、にんにくを弱火にかけ、香りが出たら玉ねぎを入れて透明になるまで炒める。セロリ、にんじんを加えて中火で炒め、ベーコン、キャベツ、トマトを加え炒める。
4. Aを入れふたをし、煮立ったら弱火にして15分ほど煮る。
5. さやいんげんを加え、塩、こしょうして器に盛り、粉チーズをふる。

脱！自己流ポイント
野菜は種類によって火の通る早さが違うので、順番通りに炒めましょう。

オニオングラタンスープ

玉ねぎの甘みたっぷり！軽く焦がすように炒めるのがポイント。

1人分 **236**kcal ／ 塩分 **2.3**g ／ 糖質 **22.2**g

材料（2人分）

玉ねぎ ……………… 大1個	塩 ……………… 小さじ¼
バター ……………… 大さじ1½	こしょう ……………… 少々
白ワイン …………… 大さじ1	バゲット（細めのもの）
A 水 ……………… 400㎖	……… 厚さ1.2cmを4枚
固形コンソメスープの素	ピザ用チーズ ……… 30g
……………… ½個	

● 作り方

1. 玉ねぎはせん切り（→P.15-13）にする。
2. 鍋にバターを中火で溶かし、1を炒め、ふたをして弱火で2分蒸し焼きにする。ふたを開け中火で炒め、軽く焦げてきたら弱火にし、焦げつきをこそげるようにしてきつね色になるまで炒める。
3. 白ワインを加えて煮立て、Aを加えて強火にする。混ぜながら煮立て、弱火にしてふたをし5分煮てから塩、こしょうする。
4. バゲットはオーブントースターの天板に並べ、チーズをのせて8分ほど焼く。
5. 器に3を注ぎ、4を入れる。

脱！自己流ポイント
玉ねぎはわざと軽く焦がすようにし、甘みとうまみを凝縮させます。

コーンクリームスープ

ルウ+クリームコーン缶でワンランク上のまろやかスープが完成！

1人分 **207**kcal ／ 塩分 **1.6**g ／ 糖質 **27.2**g

材料（2人分）
- クリームコーン缶 ……… 小1缶（190g）
- 玉ねぎ ……… 30g
- バター、小麦粉 ……… 各小さじ1½
- A
  - 水 ……… 150㎖
  - 固形コンソメスープの素 ……… ¼個
- 牛乳 ……… 200㎖
- ホールコーン ……… 40g
- 塩、こしょう ……… 各少々

●作り方
1. 玉ねぎはみじん切り（→P.15-14）にする。
2. 鍋にバターを**中火**で溶かし、1を**透明になるまで**よく炒める。
3. **弱火**にして小麦粉を加え、**焦がさないように**炒める。
4. 3がよく混ざったらAを加えて**強火**にし、よく混ぜて溶かす。クリームコーン缶を加えてふたをし、煮立ったら**弱火**で**10分**ほど煮る。
5. 牛乳、ホールコーンを加えて**強火**でひと煮立ちさせ、塩、こしょうで調味する。

脱！自己流 ポイント
小麦粉をバターで炒めてルウを作ります。焦がさないように注意！

かぼちゃのポタージュ

バターで玉ねぎをじっくり炒めて甘みを出すのがポイント。

1人分 **205**kcal ／ 塩分 **1.0**g ／ 糖質 **24.6**g

材料（2人分）
- かぼちゃ（種、ワタを取り、皮をむく） ……… 200g
- 玉ねぎ ……… ¼個
- バター ……… 小さじ2
- A
  - 水 ……… 200㎖
  - 固形コンソメスープの素 ……… ¼個
- 牛乳 ……… 200㎖
- 塩、こしょう ……… 各少々

●作り方
1. 玉ねぎはせん切り（→P.15-13）、かぼちゃはひと口大に切る。
2. 鍋にバターを**中火**で溶かし、玉ねぎを炒め、**しんなりしたら**かぼちゃを加えさらに炒める。
3. Aを加えふたをし、煮立ったら**弱火**で**15分**煮て、火を止める。
4. 3の**粗熱が取れたら**、ミキサーにかけてなめらかにする。
5. 4を鍋に戻し、牛乳を加えて**中火**でひと煮立ちさせ、塩、こしょうで調味する。

脱！自己流 ポイント
玉ねぎをプラスすることで、かぼちゃだけで作るよりも甘みとコクが出ます。

ごはん・汁物・麺・パン

コーンクリームスープ／かぼちゃのポタージュ／酸辣湯（サンラータン）／わかめスープ

酸辣湯（サンラータン）

酢は最後に加えることで、少量でも酸味が出ます。

● 作り方
1. 鶏肉はせん切り（→P.15-13）にし、**A**を混ぜ合わせておく。
2. たけのこ、しいたけ、長ねぎ、しょうがはせん切りにする。春雨は食べやすく切る。
3. 鍋に**B**を<u>中火</u>で煮立て、**1**をほぐしながら入れ、**2**を入れてふたたび煮立てる。
4. しょうゆ、こしょうで調味し、**C**を加えて<u>とろみをつける</u>。
5. 溶き卵を加え<u>ひと煮立ち</u>させ、酢、ラー油を加えて<u>火を止める</u>。

1人分 **97** kcal ／ 塩分 **1.5** g ／ 糖質 **8.4** g

材料（2人分）
鶏ささみ肉‥‥‥‥‥‥1本
A｜塩、こしょう‥‥‥各少々
　｜片栗粉‥‥‥‥小さじ½
たけのこ（水煮）‥‥‥50g
しいたけ‥‥‥‥‥‥‥2枚
長ねぎ‥‥‥‥‥‥‥‥3cm
しょうが（薄切り→P.14-4）‥‥‥‥‥‥‥‥2枚分
春雨（熱湯でもどす）10g
B｜水‥‥‥‥‥‥‥400ml
　｜鶏がらスープの素
　｜‥‥‥‥‥‥小さじ½
　｜しょうゆ‥‥‥小さじ2
こしょう‥‥‥‥‥‥少々
C（混ぜておく）
　｜水‥‥‥‥‥‥小さじ2
　｜片栗粉‥‥‥‥小さじ1
溶き卵‥‥‥‥‥‥½個分
酢‥‥‥‥‥‥‥‥小さじ2
ラー油‥‥‥‥‥‥‥少々

脱！自己流 ポイント
風味を活かすため、酢を加えたら煮立たせないようにしましょう。

わかめスープ

わかめは煮すぎずしゃっきり仕上げましょう。

● 作り方
1. わかめはひと口大に切り、長ねぎはせん切り（→P.15-13）にする。
2. 鍋に**A**を入れて<u>強火</u>で煮立て、塩、こしょう、しょうゆで調味する。
3. **1**を加えて<u>さっと煮</u>て、ごま油、ごまを加えて火を止める。

1人分 **18** kcal ／ 塩分 **1.5** g ／ 糖質 **0.8** g

材料（2人分）
わかめ（水でもどす）‥‥30g
長ねぎ‥‥‥‥‥‥‥‥3cm
A｜水‥‥‥‥‥‥‥400ml
　｜鶏ガラスープの素
　｜‥‥‥‥‥‥小さじ½
塩‥‥‥‥‥‥‥小さじ¼
こしょう‥‥‥‥‥‥少々
しょうゆ‥‥‥‥小さじ½
ごま油‥‥‥‥‥小さじ½
白いりごま‥‥‥‥‥少々

脱！自己流 ポイント
わかめは煮すぎるとやわらかくなってしまうので、最後にさっと煮ます。

スパゲッティ ミートソース

スパゲッティは大きい鍋にお湯をたっぷり沸かして、くっつかないように混ぜながらゆでましょう。

1人分 **512** kcal／塩分 **2.7** g／糖質 **61.1** g

材料（スパゲッティは2人分・ソースは作りやすい分量）

- スパゲッティ……………160g
- バター………………小さじ2

[ソース]
- 合いびき肉……………200g
- 玉ねぎ…………………¼個
- セロリ……………………30g
- にんじん…………………20g
- にんにく…………………½片
- マッシュルーム…………6個
- オリーブ油……………大さじ1
- 赤ワイン………………大さじ2

A
- トマト水煮缶（カットタイプ）
  ………………1缶（400g）
- 固形コンソメスープの素
  …………………………½個
- 塩………………小さじ½
- こしょう、ナツメグ……各少々
- ローリエ…………………1枚

作り方

下準備

1 玉ねぎ、セロリ、にんじん、にんにくはみじん切り（→P.15）、マッシュルームは薄切り（→P.14-4）にする。

ソースを作る

2 鍋にオリーブ油、にんにくを入れて**中火**で炒め、香りが出たら玉ねぎを**しんなり**するまで炒める。

3 セロリ、にんじんを加えてさらに**4〜5分**炒め、ひき肉を加えてポロポロになるまで炒め合わせる。

4 赤ワインを加え煮立て、A、マッシュルームを加えて混ぜ合わせる。ふたをして煮立ったら、**弱火**でときどき混ぜながら**20分**煮る。

ゆでる

5 鍋にたっぷりの湯を沸かし、**湯の1%の量の塩（分量外）**を加えてスパゲッティをゆで、ざるにあげる。

脱！自己流 ポイント
スパゲッティは広げるようにして入れると、むらなくゆで上がります。

6 5にバターを混ぜ合わせ、器に盛り、ミートソースをかける。

Arrange Recipe アレンジレシピ

ミートパイ

1人分 **376** kcal ／ 塩分 **1.6**g ／ 糖質 **12.5**g

材料（2人分）
- ミートソース ………………… 1人分
- パイシート（冷凍）…………… 1枚
- ゆで卵（輪切り→P.14-1）…… 2個分
- 溶き卵 ………………………… ½個分

作り方
1. ミートソースは鍋に入れて**中火**にかけ、汁けを煮詰める。
2. パイシートは半解凍してめん棒で2mm厚さに伸ばして2つに切る。上にかぶせる方を少し大きめに切る。
3. 下に敷く方のパイシートにゆで卵と1をのせ、2をかぶせ、表面に切り込みを入れて溶き卵を塗る。
4. **200℃**に予熱したオーブンで**20分**焼き、切り分けて器に盛る。

スパゲッティボンゴレ

オイルベースのパスタソースはゆで汁を加えてよく混ぜるのがコツ。

1人分 **453** kcal ／ 塩分 **2.1** g ／ 糖質 **57.6** g

材料（2人分）

- スパゲッティ……… 160g
- あさり（砂抜きする→P.17）
  ……………… 300g
- にんにく（粗みじん切り→P.15-14）………… 1片
- 赤唐辛子（小口切り→P.15-10）
  ……………… 1本分
- オリーブ油、白ワイン
  ……………… 各大さじ2
- こしょう……………… 少々
- イタリアンパセリ（みじん切り）
  ……………… 適量

作り方

1 下準備
あさりはよく洗い、にんにく、赤唐辛子は材料表通りに切る。

2 炒める
フライパンにオリーブ油大さじ1/2、にんにく、赤唐辛子を香りが出るまで炒める。

3
あさり、白ワインを入れてふたをし、あさりの口が開くまで蒸し煮にする。

4
鍋にたっぷりの湯を沸かし、湯の1％の量の塩（分量外）を加えてスパゲッティをゆで、ざるにあげる。

5
4を3に入れ、ゆで汁大さじ3を加えてよく混ぜる。

ポイント 脱！自己流
ゆで汁でソースとスパゲッティのなじみがよくなります。

6
残りのオリーブ油、こしょうを加えて炒め合わせ、器に盛り、イタリアンパセリを散らす。

スパゲッティカルボナーラ

ボウルでスパゲッティとソースをあえれば、加熱しすぎの心配なし!

1人分 **700**kcal ／ 塩分 **2.1**g ／ 糖質 **57.7**g

材料（2人分）

- スパゲッティ……… 160g
- ベーコン（厚切り）…… 2枚
- にんにく（薄切り→P.14-4）
  ………………………… 3枚
- オリーブ油 ……… 小さじ2
- 生クリーム ……… 50ml
- A 卵 ………………… 2個
  - 卵黄 …………… 1個分
  - 粉チーズ ……… 大さじ4
  - 塩 ………………… 適量
  - （チーズの塩加減で調節する）
  - こしょう ………… 少々
- 粗びき黒こしょう …… 適量

作り方

1 下準備

ベーコンは2cm幅に切る。

2

ボウルにAの卵と卵黄を混ぜ合わせ、残りのAの材料を混ぜ合わせる。

3

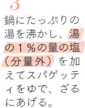

鍋にたっぷりの湯を沸かし、湯の1%の量の塩（分量外）を加えてスパゲッティをゆで、ざるにあげる。

4

中火で熱したフライパンにオリーブ油、にんにくを入れ、香りが出たらベーコンを加え炒める。

5 あえる

4に生クリームを入れて煮立て、3を加えてさっと混ぜる。

6

5を2のボウルに入れて混ぜ合わせ、器に盛り、粗びき黒こしょうをふる。

脱!自己流ポイント
余熱で火を通すので、火が入りすぎず、とろりと仕上がります。

ソース焼きそば

麺は電子レンジで加熱すること、2種のソースを合わせることが、ワンランク上のおいしさの決め手です。

1人分 **568**kcal／塩分 **3.5**g／糖質 **71.2**g

材料（2人分）

- 中華麺（焼きそば用）……… 2袋
- 豚ロース薄切り肉 ……… 100g
- 塩、こしょう ……… 各少々
- 玉ねぎ（太めのせん切り→P.15-13）
  ……… ¼個
- にんじん（せん切り）……… 30g
- キャベツ（ざく切り→P.14-9）… 2枚
- もやし ……… 100g
- サラダ油 ……… 大さじ1
- **A**（混ぜておく）
  - ウスターソース ……… 大さじ3
  - 中濃ソース ……… 大さじ1
  - 塩、こしょう ……… 各少々

ごはん・汁物・麺・パン

ソース焼きそば

作り方

下準備をする

1 豚肉はひと口大に切って塩、こしょうし、玉ねぎ、にんじん、キャベツは材料表通りに切る。もやしはひげ根を取る。

2 麺は袋のまま電子レンジに2袋入れ、**1分40秒**加熱し、器にあけてほぐす。

脱！自己流 ポイント1
袋に切り込みを入れないで加熱するのがコツ。水分がこもってほぐしやすくなります。

炒める

3 フライパンにサラダ油を入れて**強火**で熱し、豚肉を広げるように入れてこんがりと焼く。

4 玉ねぎ、にんじんを加えて**しんなりする**まで炒める。 強火

5 キャベツ、もやしを加えて**さっと**炒め、**2**を加えて炒め合わせる。 強火

6 全体が混ざったら、**A**を加えてさらに炒め合わせ、全体にからめる。 強火

脱！自己流 ポイント2
中濃ソースを加えると、甘みが出てコクもアップ。

Arrange Recipe アレンジレシピ

エスニック風焼きそば

1人分 **520** kcal ／ 塩分 **3.5** g ／ 糖質 **63.2** g

作り方

1 えびは背ワタを取って殻をむき、塩、こしょうをする。玉ねぎ、にんじんは太めのせん切り、キャベツはざく切りにする。もやしはひげ根を取る。
2 麺は袋のまま電子レンジで**1分40秒**加熱しほぐす。
3 フライパンにサラダ油を入れ熱し、えびを入れて焼き、玉ねぎ、にんじん、にんにく、赤唐辛子を加えて炒め、キャベツ、もやしを加えさらに炒める。
4 **2**を加えて炒め合わせ、**A**を加えてさらに炒め合わせ、ごま油を仕上がりに回し入れる。
5 器に盛り、お好みで刻んだ香菜、くし形切り（P.14-6）にしたレモン各適量（分量外）を添える。

材料（2人分）
中華麺（焼きそば用）………… 2袋
えび（殻つき）………………… 200g
塩、こしょう …………………… 各少々
玉ねぎ …………………………… 1/4個
にんじん ………………………… 30g
キャベツ ………………………… 2枚
にんにく（みじん切り →P.15-14）……… 1/4片
赤唐辛子（小口切り →P.15-10）……… 1/2本
もやし …………………………… 100g
サラダ油 ………………………… 大さじ1
A ┌ ナンプラー ………… 大さじ1½
　├ 酒 ………………… 大さじ1
　└ 塩、こしょう …… 各少々
ごま油 …………………………… 小さじ1

冷やし中華

たれに鶏肉のゆで汁を加えて ツンとしないまろやかな味に。

1人分 **522** kcal ／ 塩分 **3.7** g ／ 糖質 **67.6** g

材料（2人分）

- 中華麺 …………………… 2玉
- ごま油 …………………… 小さじ1
- 鶏もも肉 ………………… ½枚
- 塩、こしょう …………… 各少々
- **A**
  - 酒 ……………………… 大さじ1
  - しょうが（薄切り→P.14-4）
    ………………………… 2枚
  - 長ねぎ（青い部分）… 3cm
  - 水 ……………………… 300㎖
- きゅうり（せん切り→P.15-13）
  …………………………… 1本分
- トマト（くし形切り→P.14-6）
  …………………………… ½個分
- レタス（食べやすく切る）… 1枚分
- 錦糸卵（→P.158-3参照）
  …………………………… 適量
- **B**
  - 鶏肉のゆで汁 ……… 150㎖
  - しょうゆ …………… 大さじ4
  - 酢 …………………… 大さじ3
  - 砂糖 ………………… 大さじ2
  - ごま油 ……………… 小さじ2
- 練りからし ……………… 少々

作り方

1 下準備

鶏肉は**A**とともに鍋に入れ、沸騰後**弱火で15分**ほどゆで、**汁ごと冷ます**。

ポイント1 鶏肉のゆで汁は、あくと脂を取り除いておきましょう。

2

きゅうり、トマト、レタスは材料表通りに切り、1は薄切り（→P.14-4）にし、塩、こしょうする。

3

Bを混ぜ合わせてたれを作り、冷蔵庫で冷やす。

4 ゆでる

中華麺は熱湯でパッケージの表示通りにゆでる。

5

ゆで上がったら流水でもみ洗いし、水けをしっかりきってごま油を混ぜる。

脱！自己流 ポイント2 ごま油を混ぜることで麺がくっつきにくくなります。

6

器に麺を盛り、2を並べ、3をかけ、練りからしを添える。

担担麺

熱々のスープを注いで練りごまの風味を活かして。

1人分 611kcal ／ 塩分 4.7g ／ 糖質 61.3g

材料（2人分）

- 中華麺 ･･････････････ 2玉
- 豚ひき肉 ･････････････ 100g
- 長ねぎ ･･････････････ 5cm
- ザーサイ（市販）･･････ 30g
- チンゲン菜 ･･････････ 1個
- ごま油 ･････････････ 小さじ1
- A
  - 酒　しょうゆ ･･各小さじ1
  - 甜麺醤（テンメンジャン）･････････ 小さじ½
- B
  - 鶏がらスープの素 ････････････ 大さじ½
  - 水 ･･････････････ 650㎖
  - 酒 ･････････････ 大さじ1
  - 長ねぎ（青い部分）･･･5cm
  - しょうが（薄切り→P.14-4） ･･････････････ 2枚
  - こしょう ･････････ 少々
- C
  - 白練りごま ･････ 大さじ4
  - しょうゆ ･･･････ 大さじ3
  - 酢 ･････････････ 小さじ2
  - ラー油 ･･･････ 小さじ1

作り方

1 下準備
長ねぎ、ザーサイは粗みじん切り（→P.15-14）に、チンゲン菜はさっとゆでて4〜5cm長さに切る。

2 炒める
フライパンにごま油を**中火**で熱し、ひき肉を炒め、Aを加えて炒め合わせる。

3
Bを鍋に入れ煮立て、**弱火**で1〜2分煮て、長ねぎ、しょうがを取り出す。

4
2つの器に、それぞれ半量ずつのC、ザーサイ、長ねぎを入れる。

脱！自己流 ポイント
練りごまの風味がとぶので、ここでは混ぜ合わせないようにします。

5
熱々の3のスープを注ぎ、混ぜ合わせる。

6 仕上げ
ゆでて水けをきった中華麺を5に入れ、チンゲン菜、2、長ねぎのみじん切り少々（分量外）をのせる。

きつねうどん

シンプルな具だからこそ、油抜きはしっかりと。

1人分 **279**kcal ／ 塩分 **3.1**g ／ 糖質 **46.8**g

材料（2人分）

- うどん（冷凍）……… 2玉
- 油揚げ（油抜きする）…… 1枚
- 長ねぎ ……………… 3cm分
- だし汁 ……………… 600ml
- A しょうゆ、みりん
  ………… 各大さじ1
  塩 …………… 小さじ½

作り方

1 下準備
油揚げは横半分に切り、短冊切り（→P.15-12）に、長ねぎは小口切り（→P.15-10）にする。

脱!自己流 ポイント1
油揚げは熱湯をかけて油抜きをしっかりと。

2 うどんは電子レンジで表示通りに解凍する。
※ゆでうどんの場合は、湯に入れてほぐして、ざるにあげる。

3 煮る
鍋にだし汁を煮立てる。

中火

中火

中火

4 Aを入れて煮立てる。

脱!自己流 ポイント2
関西風のつゆにする場合は、Aを薄口しょうゆ大さじ2：みりん大さじ1にします。

中火

5 2のうどんを入れ、ひと煮立ちさせる。

中火

6 油揚げを入れてさっと煮る。器に盛り、長ねぎを添える。

カレーうどん

カレー粉入りの水溶き片栗粉で、絶妙なとろみが出ます。

1人分 **445** kcal ／ 塩分 **3.5**g ／ 糖質 **57.9**g

材料（2人分）

- うどん（冷凍）……………2玉
- 豚切り落とし肉 ……… 100g
- 長ねぎ ……………………½本
- サラダ油 ………… 小さじ1
- **A**
  - だし汁 …………600㎖
  - しょうゆ ……大さじ2½
  - みりん ………… 大さじ2
- **B**（混ぜておく）
  - カレー粉 ……… 小さじ2
  - 水 …………… 大さじ4
  - 片栗粉 ………… 大さじ2

作り方

1 下準備
豚肉はひと口大に切り、長ねぎは縦半分に切ってから3㎝長さに切る。

2
鍋にサラダ油を**中火**で熱し、長ねぎを炒めしんなりしたら豚肉を加え炒める。

3 煮る
Aを入れてふたをし、煮立ったら**弱火**で**10分**煮て、**B**を加え**煮立たせる**。

脱！自己流 ポイント
とろみを出すためにしっかり火を強めて煮立てます。

4
うどんは、電子レンジで**表示通り**に解凍する。

5
器に4を入れ、3をかける。

6
好みで長ねぎ（青い部分）や万能ねぎ（分量外）などをのせる。

納豆ぶっかけそば

そばはしっかり冷水でしめ、小分けにして盛りつけましょう。

1人分 **422**kcal ／ 塩分 **3.0**g ／ 糖質 **67.2**g

材料（2人分）

- 生そば …………… 200g
- **A**（混ぜておく）
  - 納豆 ………… 2パック
  - 添付のたれ、からし
    ………… 1パック分
- 大根（すりおろす）
  ………… 200g分
- 水菜（3cm長さに切る）
  ………… 20g分
- 万能ねぎ（小口切り→P.15-10）
  ………… 3本分

[つゆ]
- みりん、しょうゆ
  ………… 各大さじ2
- 水 ………… 200mℓ
- 昆布 ………… 5cm
- かつお節 ………… 5g

作り方

1 下準備
鍋にみりんを煮立て、残りのつゆの材料を入れふたたび煮立て、火を止める。

中火

2 1をざるでこして、冷ましてから冷蔵庫で冷やしておく。

3 ゆでる
鍋に熱湯を沸かし、そばを表示通りにゆでる。

中火

4 ゆで上がったら冷水で洗い、ざるにあげて水けをきる。

5 器に4を盛りつける。

脱！自己流 ポイント
そばは手で小分けにして盛りつけると、食べやすくなります。

6 5に**A**、大根おろし、水菜、万能ねぎをのせて2をかける。

ごはん・汁物・麺・パン

納豆ぶっかけそば／鶏南蛮

鶏南蛮

鶏肉、長ねぎに焼き目をつけることで、香ばしく、食欲をそそる仕上がりに。

1人分 451kcal ／ 塩分 3.5g ／ 糖質 63.3g

材料（2人分）

- 生そば …………… 200g
- 鶏もも肉 ………… ½枚
- 長ねぎ（3cm長さに切る） ………… ½本分
- サラダ油 ………… 少々

[つゆ]
- だし汁 …………… 600㎖
- みりん …………… 大さじ2
- しょうゆ ………… 大さじ2½

七味唐辛子 ………… 少々

作り方

1 ゆでる

そばは熱湯で表示通りにゆで、冷水で洗い、水けをきる。

2

フライパンにサラダ油をひき、鶏肉の皮に焼き色がつくまで焼き、長ねぎもこんがりと焼く。

皮目だけ焼く 中火

脱！自己流 ポイント
鶏肉の皮を先に焼くことで、香ばしさが加わります。

3

2の鶏肉は粗熱をとって皮目を下にしてそぎ切り（→P.14-7）にする。

4 煮る

鍋につゆの材料をすべて入れて煮立て、3を加えて煮立たせてから5分ほど煮る。

中火

5

途中で4に長ねぎを加えてさらに煮る。

中火

6

1は湯に入れ温め直して水けをきり、器に入れる。5の具と汁を入れ、七味唐辛子をふる。

ミックスサンド

サンドイッチはきれいに切るために、ラップしてしっかり重しをしてなじませましょう。

| 1人分 **621** kcal ／ 塩分 **2.8**g ／ 糖質 **50.5**g |

材料（2人分）
食パン（10枚切り）……… 6枚
A（混ぜておく）
　バター（室温にもどす）
　……………… 大さじ1½
　マスタード ……… 小さじ⅔

[卵サンド]
ゆで卵 ……………… 2個
B マヨネーズ …… 大さじ1½
　塩、こしょう ……… 各少々

[ツナトマトサンド]
ツナ缶 ……… 小1缶（70g）
トマト（薄切り→P.14-4）
　………………………… ¼個分

C 玉ねぎ（みじん切り→P.15-14）
　………………………… 小さじ1
　マヨネーズ ……… 大さじ1
　塩、こしょう ……… 各少々

[ハムチーズサンド]
ハム ……………………… 2枚
スライスチーズ ………… 1枚
きゅうり（縦に薄切り）… ½本分
塩 ……………………… 少々

オリーブ（黒）、ミックスリーフ
　………………………… 各適量

作り方

下準備をする

1 Aをパンの片面に塗る。

2 ゆで卵は粗く刻み、Bを混ぜる。

3 きゅうりは塩をふり、水けをふく。トマトも水けをきる。ツナは汁けをきってほぐし、Cを混ぜ合わせる。

具をはさむ

4 [卵サンド]
1は2枚を一組にし、1枚に2をのせ、もう1枚のパンをかぶせる。

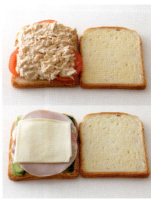

5 [ツナトマトサンド]
1枚のパンにトマトをのせ、3のツナをのせる。
[ハムチーズサンド]
1枚のパンに3のきゅうり、ハム、チーズをのせる。

6 3つのサンドイッチを重ねて**ラップに包み、重しをのせて10分**ほどなじませる。

脱！自己流 ポイント

パンと具をなじませることで、切り分けてもばらばらになりにくくなります。

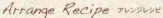

7 ラップを取って耳を切り落とし、食べやすく切り分ける。押すように切ると具がはみ出るので、軽く手でおさえながら**引く**ように切る。慣れないうちは**一組ずつ**切るとよい。

Arrange Recipe アレンジレシピ

ベーグルサンド

1人分 **391** kcal ／ 塩分 **2.3**g ／ 糖質 **48.7**g

材料（2人分）
- ベーグル‥‥‥‥‥‥‥‥‥‥ 2個
- クリームチーズ‥‥‥‥‥‥ 36g
- スモークサーモン‥‥‥‥ 40g
- アボカド（薄切り）‥‥‥‥ 1/4個分
- 玉ねぎ（薄切り）‥‥‥‥‥ 1/8個分
- A ┌ オリーブ油、レモン汁‥ 各小さじ1
  └ 塩、こしょう‥‥‥‥‥ 各少々
- レタス‥‥‥‥‥‥‥‥‥‥ 1枚

作り方
1. 玉ねぎは水にさらして水けを絞り、Aと混ぜ合わせておく。
2. ベーグルは厚みを半分に切り、クリームチーズを半量ずつ塗る。
3. 2に半量のレタスを敷き、アボカド、スモークサーモン、玉ねぎを半量ずつのせてもう半分ではさむ。もう1つも同様に作る。

トマトチーズホットサンド

フライ返しで押しながら焼けばホットサンドメーカーは不要です！

1人分 **389**kcal／塩分 **2.0**g／糖質 **42.1**g

材料（2人分）

- 食パン（8枚切り）……4枚
- **A**（混ぜておく）
  - バター（室温にもどす）……大さじ1
  - マスタード……小さじ½
- トマト（薄切り→P.14-4）……½個分
- スライスチーズ……3枚
- **B** バジル（細かく刻む）……3枚分
  - オリーブ油……小さじ1
  - 塩、こしょう……各少々
- オリーブ油……小さじ1
- オリーブ（黒・緑）……各適量

作り方

1 下準備
パンの片面に**A**を塗る。

2 1は2枚を一組にし、1枚に水けをきったトマト、チーズを半量ずつのせる。

3 **B**を混ぜてバジルオイルを作る。

4 3をトマトとチーズを重ねた上に半量ずつまんべんなくのせる。

5 焼く
フライパンを中火で熱してオリーブ油をひき、4の両面をこんがり焼く。

脱！自己流 ポイント
フライ返しでギュッと押さえながらこんがりと焼いて。

6 食べやすく切り分けて器に盛り、オリーブを添える。

フルーツサンド

冷蔵庫で冷やしてから切り分けるのがポイントです。

1人分 **616** kcal ／ 塩分 **1.5**g ／ 糖質 **59.4**g

材料（2人分）

食パン（8枚切り）……4枚
生クリーム…………150mℓ
砂糖………………大さじ1½
いちご（ヘタを除く）
　　　………………3〜6粒
バナナ………………½本
レモン汁……………小さじ1
キウイフルーツ（くし形切り
　→P.14-6）………½個分

作り方

1 下準備

いちごは半分に切り、バナナは1.5cm厚さに切ってレモン汁をかけ、キウイは芯を取る。

2

生クリームは砂糖を加え9分立てに泡立てる。

（ピンと角が立つまで）

3 はさむ

パンは片面に生クリームを塗り、1枚には1をのせる。これを二組作る。フルーツの上に、生クリーム適量を塗る。

4

3をはさみ軽くおさえて一組ずつラップし、冷蔵庫で30分ほど冷やす。

脱！自己流 ポイント

生クリームがだれないよう、しっかり冷蔵庫で冷やします。

5

ラップを取って耳を切り、軽く手でおさえながら3等分に切り分ける。

6

器を冷蔵庫で冷やしておくと、生クリームが溶けにくい。

みんな大好き！ フレンチトースト＆パンケーキ

Rank up!

おやつに朝食に大活躍。ふわふわしっとりのフレンチトーストと本格派のパンケーキの作り方を紹介します。

\弱火でじっくり火を通して/

French Toast

フレンチトースト

1人分 **364**kcal ／ 塩分 **1.3**g ／ 糖質 **36.4**g

材料（2人分）

- バゲット ………………… ½本
- A 卵 ……………………… 2個
-   牛乳 …………………… 150㎖
-   砂糖 …………………… 大さじ1
- サラダ油 ………………… 小さじ1
- バター …………………… 大さじ1
- シナモン、粉砂糖 ……… 各適量

● 作り方

卵液にひたす

1 バゲットは2cm厚さに切り、混ぜ合わせたAに浸して、途中ひっくり返し、1時間ほどおく。

パンを焼く

2 フライパンにサラダ油を中火で熱し、1を入れて2分ほど焼く。

ふたをする

3 ふたをして弱火にして5分ほど焼き、ひっくり返してバターを加えてからめて器に盛り、シナモン、粉砂糖をかける。

 弱火

ふわふわ〜♪

並ばなくてもお店の味が食べられる！

Rank up!

みんな大好き！フレンチトースト＆パンケーキ

Pancake

パンケーキ

1人分 **435** kcal ／ 塩分 **0.7** g ／ 糖質 **55.2** g

材料（2人分）

薄力粉 ･･････････････ 100g
ベーキングパウダー ･･･ 小さじ1
A 卵白 ････････････ 2個分
　 砂糖 ････････････ 大さじ1
B 卵黄 ････････････ 2個分
　 砂糖 ････････････ 大さじ2
C （混ぜておく）
　 牛乳 ･･･････････ 100㎖
　 プレーンヨーグルト
　 ･･･････････････ 大さじ3
レモン汁、バニラエッセンス、
　 サラダ油 ･････････ 各少々
溶かしバター ･･････････ 10g
バター、メイプルシロップ
　 ･････････････････ 各適量

● 作り方

1. 薄力粉とベーキングパウダーは混ぜ合わせて**ふるっておく**。

2. ボウルに **A** の卵白を入れ、砂糖を分量から**ひとつまみ**加えてハンドミキサーで泡立てる。全体に泡立ってきたら残りの砂糖を**3回に分けて**加えながら、さらに泡立て、メレンゲを作る。

3. 別のボウルに **B** を入れ、白っぽくなるまでハンドミキサーで泡立てる。**C** を加えて混ぜ合わせ、**1** を加えて**さっくりと**混ぜ合わせる。さらに1/3量の **2** を加えてよく混ぜ合わせる。

4. 残りの **2** を加えて**切るように**混ぜ、レモン汁、バニラエッセンスを加えて混ぜ合わせる。溶かしバターを加えてさらに混ぜ合わせる。

5. フライパンを中火で熱し、サラダ油を薄くひいて、**かたく絞ったふきん**の上にのせる。ふたたび**中火**にかけておたま1杯分の **4** を丸く流し入れ、ふたをして**4〜5分**焼く。

6. ひっくり返してさらに **2分** ほど焼いて器に盛り、バターをのせてメイプルシロップをかける。

MEMO 焼き方のポイント

油をなじませたあと、**かたく絞ったふきん**の上にのせてフライパンの温度を下げます。

ふたをして4〜5分焼き、表面にポツポツと穴が開いたらひっくり返す合図。

基本のだしのとり方

おいしい料理のベースとなるだしのとり方はぜひ覚えておきましょう。

＼和食の基本！／
一番だし（かつおと昆布の合わせだし）

材料（作りやすい分量）

かつお節 ……………… 20g
昆布 ………………… 8cm
水 …………………… 1000㎖

● 作り方

昆布を鍋に入れる
1
昆布はかたく絞ったふきんで汚れをふき、鍋に水とともに入れる。

昆布を煮出す
2
1の鍋を沸騰する直前までじっくりと弱火にかける。

かつお節を加える
4
3の鍋を中火にかけ、かつお節を加えて煮立ったら火を止める。

昆布を取り出す
3
沸騰させると臭みが出るので、沸騰する直前で昆布を取り出す。

かつお節をこす
5
ボウルの上にペーパータオルを敷いたざるをおいて4をこす。

自己流でありがち…
だしをとる時間がないときはどうしたらいいですか？

≫

脱・自己流で解決！
昆布を水につけて常備しておくと、沸騰させてかつお節を加えるだけでだしが簡単にとれます。顆粒だしを使ってもよいですが、商品の表示より少し薄めに使うのがおすすめです。

脱！自己流

Chapter 6

食材別 目利き、保存法

すぐに役立つ！

食材の目利き（選び方）や正しい保存法も、料理をおいしく作るための大切なポイント。この章では、野菜、果物、魚介類、肉、卵、豆腐など、カテゴリ別の目利きや保存法を紹介します。

野菜・果物の目利き、保存法

育った環境に近い保存法で

野菜は育った状態と同じように保存するほうが鮮度が保てます。立って育つものは立てて保存、温かい地域で育つ野菜は、寒さに弱いので冷気が当たらないようにしましょう。また、保存法とともに、おいしい野菜を選ぶ目利き術も知っておきましょう。

正しく保存すると栄養も長持ち！

	ほうれん草	小松菜	白菜	キャベツ

目利き	葉の緑色が濃く、みずみずしくピンと張ったもの。茎は弾力があり、シャキッとしてハリがあるものを選んで。	葉が厚く、ピンとしてハリがあり、緑色が濃いものを。根元が太くハリのあるものが新鮮。	葉が縮れ、巻きがかたくしっかりとしていて、ずっしりと重いものを。根元の切り口が白いものが新鮮。	3〜6月が旬の春キャベツは巻きがゆるやかで、11〜2月が旬の冬キャベツは巻きがしっかりしているものを。
保存法	湿らせた新聞紙で包み、ポリ袋に入れ、根を下にして野菜室に立てて保存。生のまま切り分けてラップに包んで、保存袋に入れて冷凍を。	湿らせた新聞紙に包み、ポリ袋に入れて根を下にして立てて野菜室で保存。ざく切りにして保存袋に入れて冷凍する。生のまま小分けにして冷凍しても。	丸のまま新聞紙に包み、冷暗所に立てて保存。ざく切りにして生のまま、または、さっとゆでてラップで小分けにして、保存袋に入れて冷凍。	ポリ袋に入れて、芯が下になるように野菜室で保存。ざく切りにしてさっとゆで、保存袋に入れて冷凍しても。
	野菜室 冷凍	野菜室 冷凍	冷暗所 冷凍	野菜室 冷凍

食材別目利き、保存法

野菜・果物の目利き、保存法

ブロッコリー

目利き
つぼみが密集していて、かたくしまっているものを。茎はピンとしてハリがあり、切り口がみずみずしいもの。

保存法
ポリ袋に入れて野菜室で立てて保存。長めに持たせたいときは、小房に分け、茎も薄切りにし、かためにゆで、保存袋に入れて冷凍を。

`野菜室` `冷凍`

青じそ

目利き
葉が大きすぎず、やわらかいもの。葉も茎もピンとしてハリがあり、黒っぽく変色していないものを。

保存法
湿らせたペーパータオルに包み、ポリ袋に入れて野菜室へ。冷凍するとくっつくので、刻んでラップで小分けにし、保存袋に入れて冷凍する。

`野菜室` `冷凍`

春菊

目利き
葉の緑色が濃く、香りの強いものが良品。茎の下まで葉が密集していて、切り口がみずみずしいものを選んで。

保存法
湿らせた新聞紙に包んで、ポリ袋に入れて立てて野菜室へ。さっとゆでて、切り分け、葉と茎を混ぜてラップで小分けにし、保存袋に入れて冷凍。

`野菜室` `冷凍`

チンゲン菜

目利き
葉は緑色が濃く、幅が広く肉厚なものを選んで。茎もふっくらとして、ハリがあるものを。

保存法
湿らせた新聞紙に包んで、ポリ袋に入れ、立てて野菜室で保存。そのまま冷凍すると筋っぽくなるので、小さめに切ってラップで包み、保存袋に入れて冷凍。

`野菜室` `冷凍`

もやし

目利き
太く、ピンとして弾力があるものを。ひげ根が白く、豆つきの場合は、豆が開きすぎていないものを。

保存法
買った袋のまま野菜室へ。鮮度が落ちるのが早いので、開封したものは、ポリ袋に入れて、2日ほどで使い切るとよい。生で冷凍も可能だが、食感は落ちる。

`野菜室` `冷凍`

グリーンアスパラガス

目利き
茎にハリがあり、穂先がかたく、しまっているもの。緑色が濃く、切り口がみずみずしく新鮮なものを選んで。

保存法
乾燥しやすいので、ラップに包んで、ポリ袋に入れ、野菜室で立てて保存を。冷凍するときは、食べやすく切ってさっとゆでて保存袋へ。

`野菜室` `冷凍`

ズッキーニ

目利き
緑色が濃く、鮮やかで、傷などがなく、ハリがあるものを選んで。スラリと細身で大きすぎないものが良品。

保存法
乾燥しやすく、水分が抜けやすいので、ラップに包んでポリ袋に入れて野菜室で立てて保存を。輪切りにしてソテーしてから保存袋に入れて冷凍しても便利。

`野菜室` `冷凍`

カリフラワー

目利き
つぼみが密に詰まっていて、しみや斑点がないもの。こんもりと盛り上がっていて、茎の切り口がみずみずしいもの。

保存法
ポリ袋に入れるか、ラップに包んで野菜室で保存。小房に分けて酢を加えた熱湯でさっとゆで、保存袋に入れて冷凍しておくと便利。

`野菜室` `冷凍`

なす

目利き
皮が黒光りして光沢があり、シワがなく、ハリと色ツヤのよいもの。ガクが尖っているものが新鮮。

保存法
風や冷気に弱いので、ラップをしてポリ袋に入れて野菜室へ。食べやすい大きさに切って炒めるか素揚げにして、保存袋に入れて冷凍を。

野菜室 冷凍

トマト

目利き
皮にハリとツヤがあり、重みがあり、丸くしまっているものを。ヘタがピンとしてハリがあるものが鮮度が高い。

保存法
ヘタを下にして、重ならないようにポリ袋に入れ、野菜室へ。丸のまま冷凍ができ、水につけるとつるんと皮がむける。ざく切りにして冷凍しても。

野菜室 冷凍

ピーマン

目利き
色が濃く、肉厚でハリがあり、弾力があるもの。ヘタがピンとしていてハリのあるものが新鮮。

保存法
水けをよくふいてから、ポリ袋に入れて野菜室へ。使いかけのものは、種とワタを取り除いて。生のまま冷凍可能。使いやすく切ってラップで小分けにして保存袋へ。

野菜室 冷凍

きゅうり

目利き
緑色が濃く、ツヤがあり、太さが均一もの。表面のトゲが痛いくらいしっかりしているものが鮮度が高い。

保存法
低温と乾燥が苦手なので、ポリ袋に入れ、ヘタを上にして野菜室で立てて保存を。塩もみすれば冷凍可能。ラップで小分けにして保存袋へ。

野菜室 冷凍

ごぼう

目利き
太さが均一でまっすぐでひげ根が少ないものが良品。泥がついているもののほうが、鮮度が落ちにくく、保存が利く。

保存法
泥つきは新聞紙に包んで冷暗所で保存。洗いごぼうは、ポリ袋に入れて野菜室へ。冷凍は薄く切って、さっとゆでてから保存袋に入れて。

冷暗所 野菜室 冷凍

かぼちゃ

目利き
皮がかたく、ずっしりと重量感のあるものが良品。カット品は果肉の部分の色が濃く、種が詰まっているものを。

保存法
丸ごとの場合は冷暗所で、カットしたものは、種とワタを除いてラップに包んで野菜室へ。冷凍は、かためにゆでたり、マッシュにして保存袋に入れて。

冷暗所 野菜室 冷凍

ゴーヤ

目利き
イボが密集していて、かたくてツヤがあるものを。緑色が鮮やかなものを選んで。

保存法
ポリ袋に入れて野菜室へ。使いかけの場合は、種とワタを取り、ラップで包んでポリ袋に入れて。薄切りにしてゆでてから保存袋に入れて冷凍保存を。

野菜室 冷凍

オクラ

目利き
鮮やかな緑色で、うぶ毛がびっしりと生えていて、角がピンとしてかたいものを選んで。

保存法
冷気を嫌うので、ポリ袋に入れるかラップに包んで野菜室へ。冷凍するときは、板ずりをしてうぶ毛を落とし、さっとゆでて保存袋に入れて。

野菜室 冷凍

食材別目利き、保存法

野菜・果物の目利き、保存法

にんじん

目利き
オレンジ色が濃く、色鮮やかで表面がなめらかなものを。重量感があって、ハリとツヤのあるものを選んで。

保存法
湿気に弱いので、新聞紙に包んでポリ袋に入れて野菜室へ。冬はポリ袋に入れて冷暗所へ。細く切って生のまま、厚めならゆでて保存袋に入れて冷凍を。

[野菜室] [冷暗所] [冷凍]

大根

目利き
ハリとツヤがあり、重みのあるもの。白くひげ根が少ないものを選んで。葉つきの場合は、緑色が鮮やかなものを。

保存法
葉を根のつけ根から切り落とし、ラップに包んで立てて野菜室で保存。葉はポリ袋に入れて。使いやすく切ったり、おろして保存袋に入れて冷凍を。

[野菜室] [冷凍]

かぶ

目利き
葉の緑が鮮やかでピンとしているもの。根は色が白く、ツヤがあり、傷やひげ根が少なく、丸々しているもの。

保存法
葉は切り落として湿らせた新聞紙に包んでポリ袋に入れて、根はポリ袋に入れて野菜室へ。薄切りにすれば、生のまま保存袋に入れて冷凍保存可能。

[野菜室] [冷凍]

れんこん

目利き
ふっくらとしていて重量感があり、穴の中が白く、みずみずしいものを選んで。周囲の穴が均一なものが良品。

保存法
丸ごと新聞紙に包んでポリ袋に入れて野菜室へ。カット品は、ラップで包んで。薄めに切れば生でも、厚めならさっとゆでて保存袋に入れて冷凍を。

[野菜室] [冷凍]

山いも

目利き
切り口が変色してないもの、表面に傷や凹みがなく、ハリのあるものを選んで。

保存法
寒さと乾燥が苦手なので、新聞紙に包んで冷暗所で保存を。カット品はラップをして野菜室へ。とろろにしたり、使いやすく切って保存袋に入れて冷凍を。

[冷暗所] [野菜室] [冷凍]

さといも

目利き
ひび割れがなく、丸々として、かたくしまっているもの。適度に湿り気があるものを選んで。

保存法
寒さと乾燥に弱いので、新聞紙に包んで、通気性のよい冷暗所で保存を。生のまま薄く切るか、皮をむいてゆでて保存袋に入れて丸ごと冷凍するのも便利。

[冷暗所] [冷凍]

じゃがいも

目利き
なめらかで傷やしわがなく、かたくしまりハリがあるものを。春先に出回る新じゃがいもは、表面の皮が薄いものを。

保存法
光に当たると緑化するので、新聞紙で包んだり、紙袋などに入れ、通気性のよい冷暗所で保存。薄切りなら保存袋に入れて生冷凍も可能。マッシュにしても。

[冷暗所] [冷凍]

さつまいも

目利き
丸々として重みがあるものを選んで。表面に傷や斑点がなく、色が鮮やかでツヤのあるものを。

保存法
寒さと湿気に弱いため、新聞紙に包んで通気性のよい冷暗所で保存を。蒸してマッシュにしたり、焼くなどして加熱してから冷凍を。

[冷暗所] [冷凍]

	しょうが	にんにく	長ねぎ	玉ねぎ

目利き	表面に傷がなく、光沢があり、ハリがあってみずみずしいもの。ふっくらと丸いもののほうが筋が少ない。	きれいな白色で粒が大きく、重みがあり、かたくしまっているものを選んで。	根元の白と葉の緑のコントラストがはっきりしていて、白い部分にハリがあり、巻きのかたいものを選んで。	皮が乾燥していてハリがあるもの。身がかたくしまって、重みがあるものが良品。
保存法	湿らせた新聞紙に包んでポリ袋に入れて野菜室へ。すりおろしたり、みじん切りにしてラップで小分けにして冷凍しておくと便利。	かごかネットに入れて風通しのよい冷暗所に保存。薄皮をむいてラップで小分けにして丸ごと冷凍可能。そのまま切って使える。みじん切りや薄切りにしても。	泥つきの場合は、新聞紙に包んで冷暗所に立てて保存。洗いねぎは、ラップに包んで野菜室へ。小口切りにしてラップで小分けにして冷凍しておくと薬味に重宝。	ネットやかごに入れて、風通しのよい場所で保存。カットしたあとはラップをして野菜室へ。薄切りやみじん切りを保存袋に入れて冷凍できる。
	野菜室 冷凍	冷暗所 冷凍	冷暗所 野菜室 冷凍	常温 野菜室 冷凍

	えのきだけ	しめじ	しいたけ	にら
目利き	全体に白っぽく、軸がピンとしてハリがあるものを。	かさが肉厚で閉じているもの。軸がピンとしてハリがあるものを選んで。	かさが肉厚でふっくらとしていて開いていないもの。軸が太いものを選んで。	葉の緑色が濃く、肉厚で、ピンとして香りが強いものを選んで。
保存法	袋のまま、あるいはポリ袋に入れて野菜室で保存。冷凍するとうまみが増すのでおすすめ。小分けにして保存袋に入れて冷凍を。	パックのまま、あるいはポリ袋に入れて野菜室で保存。冷凍するとうまみが増すのでおすすめ。小分けにして保存袋に入れて冷凍を。	湿気を嫌うので、新聞紙やペーパータオルに包んで野菜室へ。このとき軸を上にして。きのこは冷凍するとうまみが増す。切って生のまま保存袋に入れて冷凍。	乾燥しやすいので、湿らせた新聞紙に包んでポリ袋に入れて野菜室へ。ざく切りにして保存袋に入れて生のまま冷凍可。よく水けをふいてから冷凍を。
	野菜室 冷凍	野菜室 冷凍	野菜室 冷凍	野菜室 冷凍

食材別目利き、保存法

野菜・果物の目利き、保存法

りんご

目利き: 皮に傷がなく、ハリとツヤがあるもの。ずっしりと重みがあり、全体が赤く色づいたものを。

保存法: 熟成を促すエチレンガスが発生するので、ほかの野菜に影響しないように新聞紙で包み、ポリ袋に入れて野菜室へ。冷凍は甘煮やジャムにして保存袋に入れて。

[野菜室][冷凍]

キウイフルーツ

目利き: 色が均一で弾力があり、傷や傷みのないもの。すぐに食べたいときは、かたすぎず、やわらかくなりすぎないものを。

保存法: ポリ袋に入れて野菜室で保存。食べやすく切って冷凍しても。甘みが足りないときは、グラニュー糖をまぶして保存袋に入れて冷凍するとよい。

[野菜室][冷凍]

いちご

目利き: ヘタの近くまで赤く熟していて、ふっくらとしてツヤがあるもの。ヘタがピンとしているものを選んで。

保存法: ケースのまま、あるいはポリ袋に入れて野菜室で保存。ヘタをとって保存袋に入れて冷凍可能。冷凍したら半解凍で食べるか、ジャムにするのがおすすめ。

[野菜室][冷凍]

アボカド

目利き: 緑色でかたいものは未熟なので、ふっくらとして皮が黒く、さわったときに少しやわらかいものを。

保存法: ポリ袋に入れて野菜室へ。追熟させるときは常温で。エチレンガスの出るりんごと一緒に入れると熟しやすい。レモン汁をふってから冷凍を。

[野菜室][常温][冷凍]

みかん

目利き: よく色づいて皮にツヤがあるものを。皮と実の間がスカスカせずにぴったりはりついていて、重みのあるものを選んで。

保存法: 低温に弱いので、風通しのよい冷暗所で保存を。薄皮をむいてひと房ずつ冷凍しても、丸ごと冷凍して自家製冷凍みかんにしてもいい。

[冷暗所][冷凍]

ぶどう

目利き: 粒がそろっていて、皮にハリがある。ブルームと呼ばれる白い粉がふいていれば、よく熟している証拠。

保存法: ポリ袋に入れ、野菜室へ。ひと粒、ひと粒枝から切り離してポリ袋に入れても。その状態で冷凍保存してもいい。半解凍にして食べて。

[野菜室][冷凍]

レモン

目利き: 色むらがなく弾力のあるものを。輸入ものはカビ防止のために農薬が使われているので、皮を使う場合は、ノーワックスの国産を。

保存法: ポリ袋に入れ、野菜室で保存。カットしたらラップをして保存を。スライスしたり、果汁を絞って製氷器に入れて冷凍しておくと重宝する。

[野菜室][冷凍]

バナナ

目利き: 黄色く色づいているものを選んで。表面に黒い斑点（シュガースポット）が出たら食べごろ。

保存法: 低温が苦手なので、新聞紙に包んで風通しのよい場所で保存を。輪切りにして保存袋に入れて冷凍しておくと、そのまま食べたり、スムージーなどに使える。

[常温][冷凍]

魚介類の目利き、保存法

できるだけ早く食べましょう

魚介が生のままもつのはせいぜい1〜2日ほど。ドリップ（解凍時に出る汁）が出ていないものを選び、できるだけ早く食べきるようにしてください。また、冷凍保存するときは、買ってきてすぐに冷凍処理すると鮮度が落ちにくく、長持ちします。魚は内臓から腐るので、一尾魚の場合は必ず内臓を取って流水で洗い、水けをよくふき取ってから冷凍してください。ただし、パックに「解凍」とあるものは一度冷凍してから解凍したものなので、再冷凍は避けて早めに使いきりましょう。

新鮮なうちに保存して！

さんま	さば	いわし	あじ

目が澄んでいて、肩や腹がふっくらとしているもの。口先が黄色くなっているものが脂ののりがよい。	体にハリがあり、身がふっくらしているもの。傷みやすい魚なので、えらの色が鮮やかな赤色のものを選んで。	目が澄んでいて、表面が青く輝きハリがあるものを選んで。えらが鮮やかな赤色のものが新鮮。	目が澄んでいて、身がふっくらとしてハリがあるもの。頭部がやや丸みがかっているものが脂がのっている。
えらと内臓を除き、よく洗ってペーパータオルを敷いたバットに並べてラップをして冷蔵庫へ。塩をふってラップに包み冷凍すると生臭くならない。	切り身はラップをして冷蔵庫へ。冷凍するときは、買ってきてすぐの新鮮なうちに冷凍を。みそ煮など調理してから保存袋に入れて冷凍しても便利。	えらと内臓を除き、よく洗ってペーパータオルを敷いたバットに並べてラップをして冷蔵庫へ。塩をふってラップに包み冷凍すると生臭くならない。	えらと内臓を除き、よく洗ってペーパータオルを敷いたバットに並べてラップをして冷蔵庫へ。塩をふってラップに包み冷凍すると生臭くならない。
冷蔵 冷凍	冷蔵 冷凍	冷蔵 冷凍	冷蔵 冷凍

目利き / **保存法**

食材別目利き、保存法

魚介類の目利き、保存法

たこ（ゆでだこ）

目利き
ツヤがあり、身がしまって弾力があるもの、皮がはげていないものを選んで。

保存法
使いやすい大きさに切ってラップに包んで冷蔵庫へ。そのまま冷凍してもいい。解凍しても鮮度が落ちにくいので、冷凍向きの食材。

冷蔵　冷凍

いか

目利き
目が黒く澄んでいて、身に透明感とハリがあるものを。吸盤のかたい部分が残っているものを選んで。

保存法
内臓を除き、よく洗ってペーパータオルを敷いたバットに並べてラップをして冷蔵庫へ。カットして保存袋に入れて冷凍するか、味つけして冷凍しても。

冷蔵　冷凍

えび

目利き
全体に透明感があり、身にハリと弾力があるものを選んで。

保存法
生は頭と背ワタを取り、水けをふいてラップに包んで冷蔵庫へ。そのまま冷凍しても、ゆでて保存袋に入れて冷凍してもOK。解凍ものは再冷凍しないように。

冷蔵　冷凍

さけ

目利き
切り身は切り口がなめらかで光沢があり、ドリップが出ていないものを選んで。

保存法
切り身はラップをして冷蔵庫へ。そのまま冷凍、あるいは調味液につけて冷凍しても。焼いてほぐしたものを冷凍しても重宝する。

冷蔵　冷凍

刺し身

目利き
色鮮やかで光沢のあるもの。表面の筋が均等に入っているものが良品。白い筋がはっきり見えるものは避けて。

保存法
ペーパータオル、ラップの順に包んで冷蔵庫へ。まぐろは漬けにして保存しても。冷凍する場合は、さくごとラップに包んで冷凍庫へ。

冷蔵　冷凍

かき

目利き
乳白色で傷がなく、ふっくらとしているものを。生食用と加熱用の違いは鮮度ではなく細菌数。加熱用は必ず加熱調理を。

保存法
パック詰めされているむき身はパックのまま冷蔵庫へ。冷凍する場合はソテーしてから保存袋に入れて冷凍庫へ。

冷蔵　冷凍

しじみ

目利き
殻をさわると口を強く閉じるもの。殻に光沢があり、重みがあるもの。

保存法
砂抜きしたあとで真水につけ、新聞紙などで覆い、冷蔵庫へ。殻のまま保存袋に入れて冷凍OK。凍ったまま調理できて便利。

冷蔵　冷凍

あさり

目利き
殻をさわると口を強く閉じるもの。殻に光沢があり、重みがあるもの。

保存法
砂抜きしたあとで3％の塩水につけ、新聞紙などで覆い、冷蔵庫へ。殻のまま保存袋に入れて冷凍OK。凍ったまま調理できて便利。

冷蔵　冷凍

肉類の目利き、保存法

冷凍はひと手間かけるのがポイント

肉を選ぶときは、ドリップ（解凍時に出る汁）が出ていないものを選びましょう。買って1～2日で使い切るようにし、冷凍するときは必ずトレーから取り出して。生で冷凍するときは水けをふき取ってからラップでぴったりと包み、さらに冷凍用保存袋に入れて密封するとおいしさ長持ち。酒をふったり、下味をつけてから冷凍すると乾燥しにくく、水分を保つため、解凍後もふっくらと調理できます。調理したものを冷凍してもすぐに食べられて便利です。

しっかり保存しておいしさキープ！

豚かたまり肉

目利き
赤身の部分がきれいなピンク色で光沢のあるものを選んで。

保存法
ラップに包んでポリ袋に入れて冷蔵庫へ。食べやすい大きさに切って冷凍を。酒をふって保存袋に入れて冷凍すると乾燥しにくく、ふっくら解凍できる。

冷蔵　冷凍

牛ステーキ肉

目利き
肉の色が赤く鮮やかなものを選んで。脂肪の色は白または乳白色のものを。

保存法
1枚ずつラップに包んでポリ袋に入れて冷蔵庫へ。冷凍するときは、酒をふってから保存袋に入れて冷凍すると乾燥しにくく、ふっくら解凍できる。

冷蔵　冷凍

牛薄切り肉

目利き
肉の色が赤く鮮やかなものを選んで。脂肪の色は白または乳白色のものを。

保存法
使いやすい分量ずつラップに包んでポリ袋に入れて冷蔵庫へ。酒をふるか、下味をつけてから保存袋に入れて冷凍すると乾燥しにくく、ふっくら解凍できる。

冷蔵　冷凍

牛かたまり肉

目利き
肉の色が赤く鮮やかなものを選んで。脂肪の色は白または乳白色のものを。

保存法
ラップに包んでポリ袋に入れて冷蔵庫へ。使いやすい大きさに切って冷凍を。酒をふってから保存袋に入れて冷凍すると乾燥しにくく、ふっくら解凍できる。

冷蔵　冷凍

食材別目利き、保存法

肉類の目利き、保存法

鶏むね肉

目利き
薄いピンク色で光沢と透明感のあるもの。ドリップが出ていないものを選んで。

保存法
1枚ずつラップに包んでポリ袋に入れて冷蔵庫へ。酒をふるか、下味をつけて保存袋に入れて冷凍すると乾燥しにくく、ふっくら解凍できる。

冷蔵 冷凍

鶏もも肉

目利き
薄いピンク色で光沢と透明感のあるもの。ドリップが出ていないものを選んで。

保存法
1枚ずつラップに包んでポリ袋に入れて冷蔵庫へ。酒をふるか、下味をつけて保存袋に入れて冷凍すると乾燥しにくく、ふっくら解凍できる。

冷蔵 冷凍

豚厚切り肉

目利き
薄いピンク色で表面がなめらかで、脂身の部分が白いもの。ドリップが出ていないものを選んで。

保存法
1枚ずつラップに包んでポリ袋に入れて冷蔵庫へ。酒をふるか、下味をつけて保存袋に入れて冷凍すると乾燥しにくく、ふっくら解凍できる。

冷蔵 冷凍

豚薄切り肉

目利き
赤身の部分がきれいなピンク色で光沢のあるものを選んで。

保存法
使いやすい分量ずつラップに包んでポリ袋に入れて冷蔵庫へ。酒をふるか、下味をつけて保存袋に入れて冷凍すると乾燥しにくく、ふっくら解凍できる。

冷蔵 冷凍

レバー

目利き
表面に光沢があり、ドリップが出ていないものを選んで。

保存法
ペーパータオルに包んでラップに包み、ポリ袋に入れて冷蔵庫へ。塩をふってしばらくおいてからペーパーでふき取るか、下味をつけて保存袋に入れて冷凍を。

冷蔵 冷凍

ひき肉

目利き
牛豚合いびき肉は鮮やかな赤色で、豚ひき肉、鶏ひき肉はピンクで光沢のあるものを。ドリップの出ていないものを選んで。

保存法
使いやすい分量ずつラップに包んでポリ袋に入れて冷蔵庫へ。保存袋に入れ、箸で折り目をつけて冷凍しておくと便利。肉だんごやそぼろにして冷凍しても。

冷蔵 冷凍

鶏ささみ肉

目利き
薄いピンク色で光沢と透明感のあるものを選んで。

保存法
1枚ずつラップに包んでポリ袋に入れて冷蔵庫へ。酒をふって保存袋に入れて冷凍すると乾燥しにくい。ゆでたものを細かく裂いてから冷凍しても。

冷蔵 冷凍

手羽先

目利き
薄いピンク色で身がしまっていて、ドリップが出ていないものを選んで。

保存法
ラップに包んでポリ袋に入れて冷蔵庫へ。酒をふるか、下味をつけて保存袋に入れて冷凍すると乾燥しにくく、ふっくら解凍できる。

冷蔵 冷凍

その他の食材の保存法

消費期限内に使い切れる量を購入しましょう

加工食品は調理済みだったり、乾燥させていたりと、もともと食品を日持ちさせる目的で作られているので、冷蔵庫や常温でも比較的長持ちします。冷凍保存向きの食材もあるので、保存法を上手に使い分けるとよいでしょう。

保存法

ベーコン

使いやすい分量をラップに包んでポリ袋に入れて冷蔵庫へ。凍ったままカットできるので、長めに切って保存袋に入れて冷凍しておくと幅広く使える。
冷蔵 冷凍

ソーセージ

使いやすい分量をラップに包んでポリ袋に入れて冷蔵庫へ。切り込みを入れて保存袋に入れて冷凍するとそのまま調理に使えて便利。
冷蔵 冷凍

ハム

パッケージのまま冷蔵庫で保存するか、ラップで包んでポリ袋に入れて。そのまま冷凍してもOK。凍ったまま加熱調理に使える。
冷蔵 冷凍

卵

尖った方を下にして冷蔵庫へ。殻に卵黄がふれにくくなり、長持ちする。ラップに包んで冷凍卵にするのも人気。錦糸卵にして保存袋に入れて冷凍しても。
冷蔵 冷凍

保存法

わかめ

乾燥わかめは湿気が入らないように保存袋に入れて、冷暗所で保存。塩蔵わかめは袋のまま冷蔵庫へ。どちらももどしてラップで小分けして冷凍可能。
冷暗所 冷蔵 冷凍

昆布

湿気が入らないように保存袋に入れて、冷暗所で保存。使いやすい長さに切って、保存袋に入れて冷凍しても。凍らないので解凍せずにそのまま使えて便利。
冷暗所 冷凍

切り干し大根

湿気が入らないように密閉袋に入れて、冷暗所で保存。色が変わりやすいので、冷蔵庫で保存しても。もどしてから保存袋に入れて冷凍保存しても。
冷暗所 冷蔵 冷凍

ひじき（乾燥）

湿気が入らないように密閉袋に入れて、冷暗所で保存。水につけて戻したものを冷凍保存しても。煮物にして保存袋に入れて冷凍しておいても便利。
冷暗所 冷凍

食材別目利き、保存法 その他食材の保存法

納豆

パックのまま冷蔵庫で保存。パックのまま冷凍でき、解凍しても味、粘りともにほぼ変わらない。まとめ買いして冷凍しておくのがおすすめ。

冷蔵 冷凍

油揚げ

袋のまま冷蔵庫へ。油焼けしにくく、冷凍＆解凍のダメージが少ないので冷凍向きの食材。油抜きして使いやすく切って保存袋に入れて冷凍しておくと便利。

冷蔵 冷凍

豆腐

パックのまま冷蔵庫で保存。使いかけは密閉容器に水をはって入れて冷蔵保存。冷凍するとスカスカになるが、凍み豆腐として煮物に使える。

冷蔵 冷凍

こんにゃく

袋のまま冷蔵庫へ。使いかけは密閉容器に水を張って入れて冷蔵保存。冷凍するとスカスカになるが、凍みこんにゃくとして煮物に使える。

保存法

ごはん

パサつくので冷蔵より冷凍がおすすめ。温かいうちにラップで小分けにして、冷めたら保存袋に入れて冷凍を。冷めてから包むよりおいしさがキープできる。

冷凍 冷蔵

ピザ用チーズ

袋のまま冷蔵庫で保存。開封するとカビやすいので、保存袋に入れて冷凍保存がおすすめ。凍ったまま、ピザやグラタン、トーストなどに使える。

冷蔵 冷凍

ヨーグルト

パックのまま冷蔵庫で保存。保存袋に入れて冷凍すれば、凍ったままシャーベットやスムージーに使える。凍らせる前に砂糖やジャムなどを加えても。

冷蔵 冷凍

牛乳

パックのまま冷蔵庫で保存。臭いを吸収するので、封を開けたらしっかり口を閉じること。口当たりや風味が落ちるので、冷凍には不向き。

冷蔵

保存法

ゆでうどん

パックのまま冷蔵庫で保存。長持ちさせたいときは、パックのまま冷凍も可能。凍ったままだしに入れて調理できるので便利。

冷蔵 冷凍

もち

パックのまま、あるいはラップに包んで袋に入れて常温で保存。お正月に残ったおもちは、カビてしまう前にラップで小分けにして冷凍保存を。凍ったまま焼いて。

常温 冷凍

パスタ

袋のまま常温保存。ゆでて冷凍しておいても、ゆでる時間も手間も省けて便利。ゆでたら、油をまぶしてから保存袋に入れて冷凍を。

常温 冷凍

パン

一度に食べきれない場合はカビや乾燥を防ぐため、冷凍保存がおすすめ。1枚ずつラップで包んで保存袋に入れて冷凍する。

冷凍

保存法

スムーズな あとかたづけのコツ

おいしいごはんを食べたあとのかたづけは、ちょっと面倒ですよね。でもポイントを押さえておけば、手早くかたづけられて、調理器具も長持ちします。

Point 1 調理しながらかたづける

鍋で料理を煮込んだりして手が空いているときに、使い終わった調理器具は洗っておく。また、料理ができてもすぐに食べず、鍋やフライパンだけさっと洗っておくと、食べ終わったあとラクチン。

Point 2 油汚れは冷めないうちに

油汚れは時間がたって冷えると固まるので、温かいうちに、不要な紙で汚れをふき取ると洗うのがラクになる。

Point 3 洗う順番を工夫する

小さいものから洗い始めると、水きりかごが効率よく使えるので小さいものや汚れの少ないものから洗うとよい。また、汚れのひどいものは、不要な紙で汚れをぬぐったり、洗剤を入れたお湯や水につけてから洗うとよい。

スムーズなあとかたづけのコツ

調理器具別のお手入れ方法

包丁
包丁は使ったらすぐに洗剤とスポンジで洗う。刃だけでなく、柄の部分もきちんと洗うこと。さびの原因になるので、洗ったらふきんでしっかり水けをふき取る。

まな板
調理中も、まな板を使ったらすぐに洗い、立てて乾かす。プラスチック製のものはこまめに漂白し、木製のものは2週間に1回くらい屋外で陰干しするとよい。

フライパン
たわしで洗うと油膜がはがれやすくなるので、洗剤とスポンジで洗う。また、急に冷却するのは避け、お湯で洗うと汚れが落ちやすくなる。

ざる
洗剤とスポンジで洗って乾かす。目詰まりしたら、歯ブラシなどでこすり取るとよい。

おろしがね
使い終わったらすぐに水洗いするか、水につける。繊維がこびりついてしまったら、目に沿って歯ブラシなどで洗うとよい。

鍋
洗剤とスポンジで洗って水けをきっておく。焦がしてしまった場合は、湯を張って沸かすと焦げが浮き上がってくる。

調理用語一覧

いまさら聞けない

知っているつもりで実は意味を取り違えている言葉もあるかもしれません。わからなくなったらすぐにここで確認しましょう。

あ

[あえる]
みそやごま、しょうゆ、豆腐などを混ぜ合わせた調味料と、素材を混ぜ合わせること。この調味料を「あえ衣」といい、具となる素材を混ぜ合わせたものを「あえ物」という。

[あくを取る]
野菜、肉、魚などを煮た時に出てくる渋み、苦みを調理する前に水にさらして取り除くこと。あくを抜くことで変色を防ぐことのできる野菜もある。

[あくを抜く]
野菜が持つ渋み、苦みや茶色の不純物（渋み、苦み、えぐみのある部分）をすくって取り除くこと。

[味を調える]
調理の最後の段階で、調味料を少量足して味の調整を行うこと。しょうゆ、塩、みそなど、加える調味料は料理によって異なる。「調味する」ともいう。

[味を含ませる]
煮物などで、だし・スープの味わいを素材にしみ込ませること。時間をかけてゆっくり煮ることにより、味がよくしみ込む。

[油がまわる]
素材をフライパン、鍋などで炒めるときに、油を加えてから全体を混ぜて、素材と油をなじませること。

[油抜き]
油揚げ、厚揚げなどに含まれる揚げ油の一部を、軽くゆでる、またはお湯をかけることにより取り除くこと。独特の油臭さが抜け、雑味の少ない仕上がりになる。

[油を熱する]
フライパン、鍋などに油を入れ、加熱すること。素材を入れる前に行う。フライパン、鍋はあらかじめ熱しておく場合と、熱する前に素材を入れる場合がある。

[板ずりする]
きゅうりやオクラなどの色を鮮やかにし、表面に傷をつけることで調味料のなじみをよくするための下処理。まな板の上にきゅうりやオクラなどをのせ、塩をふって、手全体で強めに転がす。

[色が変わったら]
加熱により、素材の色が変化した状態。一般に野菜は色が濃くなり、肉は透明感がなくなり白っぽくなると、色が変わっ

た状態だといえる。

[色づいたら]
肉、魚、野菜などをフライパン、オーブン、グリルなどで加熱した際、軽く焼き色がついた状態のこと。

[アルデンテ]
パスタなどを、コシがあり歯ごたえを残す程度にゆでた状態のこと。アルデンテ（al dente）はイタリア語であり、日本語では「歯ごたえがある」と訳される。

[炒め合わせる]
異なる素材を同じ鍋やフライパンで一緒に炒めること。別々に下ごしらえをしておいた素材同士を炒めるときによく使われる。

[石づきを取る]
しいたけ、しめじなど、きのこの根元部分を石づきと呼び、それを包丁などで切り落とすこと。

[裏ごしする]
いもなどをやわらかくなるまで加熱し、つぶしてから、こし器などをつかってこして、なめらかにすること。

[落としぶた]
煮物をする際に用いるふたのこと。煮汁が全体にまわるようにする、煮くずれを防ぐなどの効果がある。鍋よりひと回り小さめのサイズを用いる。

[粗熱をとる]
加熱した素材、料理が非常に熱い場合に、少し時間をおいて温度を下げること。手でふれられる、容易に食べることができる温度になればOK。

か

[香りが立つ]
素材を軽く加熱した際に、生のときには感じられなかった際立った香りを感じることができる状態のこと。

[隠し包丁]
素材への火の通りをよくし、味をしみ込みやすくするために、盛りつけたときに見えない側に包丁で切り目を入れること。

[かぶるくらい]
鍋に材料を入れたときに、素材が表面から出ない程度の液体（水、だし、スープ）の量のこと。

いまさら聞けない調理用語一覧

[カラッと揚げる] 揚げ物の仕上げ方で、表面がほどよくたくなり、油ぎれよく揚がった状態のこと。高温で短時間で揚げた場合、このように仕上がることが多い。

[皮目] 肉、魚の切り身で、身とは反対側の皮の側のこと。「皮目から焼く」「皮目をパリッと仕上げる」のように使われる。

[切り目を入れる] 素材の火の通りをよくするために、ある程度の深さまで包丁で切ること（切り分けてはいけない）。盛りつけたときの表、裏により「飾り包丁」「隠し包丁」という。

[きつね色] 明るい茶色のような、軽い焦げ色のこと。「きつね色に揚げる」のように使われる。

[こす] スープ、みそ、だしなどを、網目の細かいざるやこし器、キッチンペーパーなどをくぐらせ、かすや不純物を取り除くこと。

[こそげ取る] 野菜の表面部分だけを、包丁の背やたわしなどを使ってこするようにして皮をむくこと。ごぼう、しょうがなどに使われる。

[粉をはたく] 食材に小麦粉や片栗粉などをつけたあとに、つきすぎた粉をたたいて落とすことができる。

[粉をまぶす] 食材の全体に、小麦粉や片栗粉などの粉類をかけてつけること。ムニエルなどに使われる方法。

[小房に分ける] ブロッコリーやカリフラワーの房の部分を、茎から切り離し、食べやすい大きさにすること。

[こんがりと] 焦げすぎない程度に、濃い焦げ色がつく程度に焼くこと。フライパン、グリル、オーブンでの料理に使われる。

さ

[さく] 漢字で「柵」と書き、刺し身に切る前のブロック状の魚の身のこと。

[裂く] 食材を繊維に沿って細かく分けること。鶏ささみ肉、エリンギ、しいたけの軸などに用いる。

[ささがき] ごぼうやにんじんなど、細い野菜を回しながら、包丁で削るように薄く切ったもの。

[差し水] 沸騰中の湯に少量の水を加えること。ふ

[さっと] 瞬時に、短い時間で、の意味。「さっとゆでる」、「さっと油に通す」、「さっと水にさらす」など。

[下ゆでする] 調理前に、あらかじめ素材をゆでておくこと。あくや余分な脂を抜いたり、えぐみやぬめりを取り除くことができる。

[下ごしらえ] 調理の前の素材に対する処理全般を指す。肉、魚介類に下味をつける、食材を切る、野菜を切ってあくを抜く、など。

[ざるにあげる] 素材をゆでたり、水洗いしたあとに、ざるに入れて粗熱をとったり、水きりをすること。

[塩抜き] 塩を使った保存食の塩分を水に浸すことで減らすこと。塩蔵わかめ、漬け物、塩鮭などに用いる。

[塩もみ] 切った野菜に塩を手でもみこむこと。塩の浸透圧で野菜の水けが抜け、あとから加える調味料がなじみやすくなる。食感、風味もよくなる。

[塩ゆで] 塩を入れた湯で、野菜などをゆでること。食材にほのかな塩味がつき、色も鮮やかになる。

[下味] 材料の食べられる部分（可食部）のこと。種、皮、骨などを除いた部分を指す。

[室温にもどす] 肉、魚、バター、チーズなどを冷蔵庫から出して、キッチンと同じ温度にしておくこと。

[霜降り] 魚や肉の表面が白くなる程度に、短時間熱湯に通したり、熱湯をかけたり、軽く焼いたりすること。

[汁けをとばす] 鍋やフライパンに残っている水分を、加熱によりなくすこと。弱火で、焦げつかないようにすることがコツ。

[しんなりする] 野菜を炒めたり、ゆでたり、塩をふったりしたときに、しなやかになった状態のこと。

【素揚げする】
素材を、小麦粉などで衣をつけずに、そのまま油で揚げること。下ごしらえのひとつ。

【すきとおるまで】
玉ねぎなどの野菜を炒める、蒸すなどし、透明感が出てきた状態のこと。

【筋を切る】
牛肉、豚肉などの赤身と脂身の間にある筋の数か所に切り込みを入れること。肉が縮むのを防ぐことができる。

【筋を取る】
野菜、肉などにある筋を取り除くこと。野菜ではさやえんどうなど豆類、セロリ、肉では鶏肉の筋を取る作業が多い。

【成形する】
肉だんごやハンバーグなどのたねやパンなどを、最終的な形に整えること。

【背ワタ】
えびの背部分にある腸管のこと。ジャリッとした食感や臭みがあるため、調理前に取り除く。むきえびでは取り除いてあるものが多い。

【繊維に沿って】
野菜の繊維に並行に、の意味。玉ねぎでは、縦方向に切ると、繊維に沿って切ることができる。

【繊維に直角に】
野菜の繊維を断ち切るように、繊維に直角に刃を当てて切ること。玉ねぎでは、横方向に切ると、繊維に直角に切ることができる。

た

【適量】
料理に合った量のこと。調味料の分量は味をみておいしいと感じる量、薬味は味のバランスがよいと感じる量、油は必要と思われる量など。

【照りを出す】
煮物、焼き物の仕上げ段階で、みりんなどを加えてツヤのある見栄えに仕上げること。

【たたく】
肉たたきや包丁の背などを使って、素材に力を加えること（例「肉をたたいてやわらかくする」）。また、包丁の刃を使って細かく切ること（例「あじの身をたたく」）。

【たっぷりの水】
鍋の中に入った素材全部がすっかりつかって、さらに十分な量がある水の量を指す。

【ダマ】
小麦粉などの粉類を水で溶いたときにできる、溶け残った粒のこと。事前に粉をふるうことなどで防ぐことができる。

【つぶす】
材料に力を加え、形をくずすこと。加熱したじゃがいも、さつまいも、里いも、かぼちゃなどによく用いられる方法。

【適宜】
必要に応じた量のこと。明確に分量を指示できないが、必要だと判断した場合に加える分量。必要でなければ加えなくてもよい。

な

【鍋肌】
鍋の内側の側面のこと。煮物や炒め物の仕上げに調味料を加える場合、鍋肌を伝わせるように加えると、材料の一部のみに味がつくという失敗を避けられる。

【煮からめる】
煮物を作る際に、煮汁が少なくなるまで煮詰め、濃くなった煮汁を全体にからめるようにして仕上げること。

【煮くずれる】
煮物を作っている途中で、材料の形がくずれてしまうこと。じゃがいも、にんじんなどを長時間煮たときによく起こる。

【とろみをつける】
汁けやたれ、ソースなどに片栗粉や小麦粉などを加えて、とろりとする濃度をつけること。

【煮込む】
十分な煮汁で、長時間材料を煮ること。弱火でじっくりと煮ること。

【煮立たせる】
煮汁や汁物を中～強火にかけて、上面が泡立つくらいに沸騰させること。

【煮詰める】
汁けが少なくなる状態まで煮ること。煮物やたれ、ソースを作る際に使われる。

【煮含める】
多めの煮汁で、弱火で時間をかけて煮て材料に味を含ませること。煮たあとに火を止めて、そのまま煮汁の中においておくと、さらに味を含ませることができる。

【熱する】
熱を加えて素材の温度を上げること。コンロや電子レンジを使用して調理するときに使うことが多い。

【熱湯】
100℃前後の沸騰している湯のこと。ぶくぶくと沸いている状態の湯を指す。

【粘りが出る】
素材の加工過程で、もったりと粘性が出てくること。ハンバーグを混ぜるとき、山いもを水に溶いた小麦粉を混ぜるとき、山いもをすりおろしたときなどに粘りが出る。

いまさら聞けない調理用語一覧

は

[はかま] アスパラガスなどに見られる、三角形の部分（退化した葉である）。食感がよくないため、食べるときには取り除く。

[ひげ根を取る] もやしについている小さな根をひげ根と呼び、それを取り除くこと。取り除くと、見た目も食感も良くなる。

[ひたひたの水] 鍋の中に入っている材料の頭がすこし出る程度の水の量のこと。煮物などを作る際の水分量のめやすに使われる。

[ひと口大] ひと口で食べられる程度の大きさのこと。1片3cm四方をめやすにするとよい。

[ひと煮する] 温める程度に、ほんの少しの時間煮ること。煮過ぎると色や食感が変わってしまう野菜を加えたときなどに使う。

[ひと煮立ちさせる] 煮汁、汁物を沸騰させ、ほんの少し時間をおいて火を止めること。煮過ぎない程度で、火を止めること。

[ひと混ぜする] さっと全体を、底から混ぜること。ざっくりと混ぜ、何度も混ぜないこと。

[ヘタを取る] 野菜や果物が枝についている部分をヘタと呼び、この部分を取り除くこと。

[ふつふつとしたら] 湯、煮汁、汁などが沸き立った状態になったら。

[火を通す] 素材を加熱すること。実際に火を使うガスコンロだけでなく、IH調理器や電子レンジ、オーブンでの加熱にも使われる。

ま

[混ぜ合わせる] 2種類以上の調味料を合わせて、一体化させること。また、汁物、スープ、煮物など調理中のものをおたまなどを使って中を動かすこと。

[混ぜる] 2種類以上の調味料、または、それら調味料に下ごしらえした素材を加えてよく混ぜること。

[水にさらす] あくや苦みの強い野菜などの下処理として、切ったあとに水にしばらくつけておくこと。雑味のない料理に仕上がる。

[水につける] 素材を水に浸すこと。

[水けをとばす] 調理中の料理に残っている水分を、加熱によりなくすこと。

[水けをふく] 洗ったりゆでたりした材料についている水分を、ふきんやキッチンペーパーなどを使ってぬぐうこと。

[水けを絞る] ゆでたり、塩もみをした野菜に含まれる水分を、手で握ったり、ねじることによって取り除くこと。

[回し入れる] 鍋やフライパンなどで調理しているときに、材料すべてにかかるように、調味料や溶き卵などを円を描くようにして加えること。

[蒸し焼きにする] フライパンや鍋などで材料を焼いたあとに、水や日本酒、ワインなどを加えてふたをし、蒸して火を通すこと。

[水きりする] 洗った素材の水けをざるなどにおくことで取り除くこと。また、豆腐やヨーグルトなどに含まれる水分をざるなどにおくことで抜き取ること。

[もどす] 乾燥させてある素材を水に浸して、水分を含ませること。

や

[焼き色をつける] オーブン、フライパンなどでの調理で、素材の表面を焼いて軽い焦げ色をつけること。

[湯通しする] 肉、魚、野菜など、下ごしらえした素材を軽くさっとゆでること。

[予熱] オーブン、オーブントースターの庫内を、調理に適した温度に温めておくこと。

[余熱] 調理した食材に残っている熱。また、加熱に使用した鍋やフライパン、オーブンなどに残っている熱のこと。

[流水で洗う] 野菜、ゆでた麺などを、水道の蛇口から出てくる新鮮な水を流しながら洗うこと。

[冷水にさらす] 手でさわって十分に冷たいと感じる温度の水に、素材を短時間つけること。レタスなどの葉物野菜はパリッと歯ごたえがよくなる。

Index 材料別さくいん

魚介

●あさり
- あさりとにらのみそ汁 ………… 161
- スパゲッティ ボンゴレ ………… 168

●いか
- いか大根 …………………………… 65
- いかのマリネサラダ …………… 146
- 天ぷら …………………………… 102

●えび
- エスニック風焼きそば ………… 171
- えびと春菊の餃子 ………………… 45
- えびのアヒージョ ……………… 126
- えびのチリソース ……………… 105
- えびフライ ………………………… 50
- えびマヨサラダ ………………… 147
- シーフードシチュー ……………… 89
- 天ぷら …………………………… 102

●かき
- かきフライ ………………………… 53

●たこ
- きゅうりとたこの酢の物 ……… 139

●ほたて
- シーフードシチュー ……………… 89

魚介加工品

●かに缶
- かに玉 …………………………… 117

●さつま揚げ
- 切り干し大根の煮物 …………… 134

●スモークサーモン
- アボカドサーモンサラダ ……… 146
- ベーグルサンド ………………… 179

●たらこ
- たらことねぎの卵焼き …………… 81

●ツナ缶
- ミックスサンド ………………… 178

野菜

●かぶ
- ポトフ …………………………… 112

●かぼちゃ
- かぼちゃのカレーコロッケ …… 107
- かぼちゃの煮物 ………………… 132
- かぼちゃのポタージュ ………… 164

●キャベツ
- エスニック風肉野菜炒め ………… 49
- エスニック風焼きそば ………… 171
- コールスロー …………………… 143
- ソース焼きそば ………………… 170
- トマトロールキャベツ …………… 61
- 肉野菜炒め ………………………… 46
- バーニャカウダ ………………… 126

- 塩麻婆豆腐 ……………………… 123
- スパゲッティ ミートソース …… 166
- 豆腐ハンバーグ ………………… 125
- 担担麺 …………………………… 173
- トマト麻婆 ……………………… 109
- トマトロールキャベツ …………… 61
- 肉みそ（おにぎりの具）……… 153
- 羽つき餃子 ………………………… 42
- ハンバーグ ………………………… 34
- ポテトコロッケ ………………… 106
- 麻婆豆腐 ………………………… 122
- 麻婆なす ………………………… 108
- ロールキャベツ …………………… 58
- 和風きのこソースのハンバーグ … 37

肉加工品

●ハム
- 中華サラダ ……………………… 145
- ポテトサラダ …………………… 142
- ミックスサンド ………………… 178

●ベーコン
- スパゲッティ カルボナーラ …… 169
- スペイン風オムレツ …………… 115
- トマトロールキャベツ …………… 61
- ポトフ …………………………… 112
- ミネストローネ ………………… 163
- ロールキャベツ …………………… 58

魚

●あじ
- あじの塩焼き …………………… 104
- あじの南蛮漬け …………………… 98
- エスニック風あじの南蛮漬け …… 99

●かれい
- かれいの煮つけ …………………… 96

●金目鯛
- 金目鯛のおろし煮 ………………… 97

●サーモン
- サーモンのカルパッチョ ……… 127

●鮭
- おにぎり ………………………… 152
- サーモンムニエル ……………… 100

●さば
- さばのみそ煮 …………………… 101

●ぶり
- ぶり大根 ………………………… 62
- ぶりの照り焼き ………………… 103

いか・えび・たこ・貝

●あさり

肉

●牛肉
- 牛丼 ……………………………… 159
- すき焼き …………………………… 95
- 青椒肉絲（チンジャオロースー）… 92
- 肉じゃが …………………………… 66
- 肉豆腐 …………………………… 124

●豚肉
- エスニック風肉野菜炒め ………… 49
- カレーうどん …………………… 175
- キムチ肉じゃが …………………… 69
- ゴーヤチャンプルー …………… 110
- 五目チャーハン ………………… 157
- ソース焼きそば ………………… 170
- 中華風チャンプルー …………… 111
- 豆乳豚汁 …………………………… 73
- とんかつ …………………………… 90
- 豚汁 ………………………………… 70
- 肉野菜炒め ………………………… 46
- 豚肉のしょうが焼き ……………… 86
- 豚肉のみそしょうが焼き ………… 87
- 豚の角煮 …………………………… 93
- 野菜たっぷり回鍋肉（ホイコーロー）… 113

●鶏肉
- オムライス ……………………… 154
- 親子丼 …………………………… 159
- カレー風味から揚げ ……………… 41
- グリルチキンのホットサラダ … 147
- 五目炊き込みごはん …………… 156
- 酸辣湯（サンラータン）………… 165
- 塩から揚げ ………………………… 41
- スープカレー ……………………… 57
- チキンかつ ………………………… 91
- チキンカレー ……………………… 54
- チキンクリームシチュー ………… 88
- 筑前煮 …………………………… 130
- 茶碗蒸し ………………………… 116
- 手羽先とごぼうと大豆の炒め煮 … 131
- 鶏南蛮 …………………………… 177
- 鶏のから揚げ ……………………… 38
- 鶏の照り焼き ……………………… 94
- とろとろオムライス デミグラスソース … 155
- 冷やし中華 ……………………… 172
- ポテトグラタン …………………… 77
- ポトフ …………………………… 112
- マカロニグラタン ………………… 74

●ひき肉
- 合いびき肉とセロリの餃子 ……… 45
- えびと春菊の餃子 ………………… 45
- かぼちゃのカレーコロッケ …… 107

204

材料別さくいん

ソース焼きそば ……………… 170
チキンカレー ………………… 54
チキンクリームシチュー …… 88
豆腐ハンバーグ ……………… 125
トマトロールキャベツ ……… 61
とろとろオムライス デミグラスソース … 155
肉じゃが ……………………… 66
肉野菜炒め …………………… 46
ハンバーグ …………………… 34
豚肉のしょうが焼き ………… 86
豚肉のみそしょうが焼き …… 87
ベーグルサンド ……………… 179
ポテトグラタン ……………… 77
ポテトコロッケ ……………… 106
ポトフ ………………………… 112
マカロニグラタン …………… 74
ミックスサンド ……………… 178
ミネストローネ ……………… 163
ロールキャベツ ……………… 58
ワカモレ ……………………… 127
和風きのこソースのハンバーグ … 37

● チンゲン菜
担担麺 ………………………… 173

● トマト
アボカドサーモンサラダ …… 146
スペイン風オムレツ ………… 115
トマトチーズホットサンド … 180
トマト麻婆 …………………… 109
冷やし中華 …………………… 172
ミックスサンド ……………… 178
ミネストローネ ……………… 163
ワカモレ ……………………… 127

● 長ねぎ
合いびき肉とセロリの餃子 … 45
えびと春菊の餃子 …………… 45
えびのチリソース …………… 105
かに玉 ………………………… 117
五目チャーハン ……………… 157
酸辣湯（サンラータン） …… 165
すき焼き ……………………… 95
担担麺 ………………………… 173
青椒肉絲（チンジャオロース） … 92
豆乳豚汁 ……………………… 73
豆腐とわかめのみそ汁 ……… 160
鶏南蛮 ………………………… 177
豚汁 …………………………… 70
肉豆腐 ………………………… 124
肉みそ（おにぎりの具）…… 153
羽つき餃子 …………………… 42
麻婆豆腐 ……………………… 122

● 春菊
えびと春菊の餃子 …………… 45
春菊とにんじんの白あえ …… 138
すき焼き ……………………… 95

● ズッキーニ
グリルチキンのホットサラダ … 147

● セロリ
合いびき肉とセロリの餃子 … 45
いかのマリネサラダ ………… 146
スープカレー ………………… 57
スパゲッティ ミートソース … 166
チキンカレー ………………… 54
バーニャカウダ ……………… 126
ピクルス ……………………… 144
ポトフ ………………………… 112
ミネストローネ ……………… 163

● 大根
いか大根 ……………………… 65
えのきだけと大根と里いものみそ汁 … 161
金目鯛のおろし煮 …………… 97
けんちん汁 …………………… 162
豆乳豚汁 ……………………… 73
豚汁 …………………………… 70
納豆ぶっかけそば …………… 176
ぶり大根 ……………………… 62

● たけのこ
酸辣湯（サンラータン） …… 165
青椒肉絲（チンジャオロース） … 92

● 玉ねぎ
あじの南蛮漬け ……………… 98
アボカドサーモンサラダ …… 146
いかのマリネサラダ ………… 146
エスニック風あじの南蛮漬け … 99
エスニック風焼きそば ……… 171
エスニック風肉野菜炒め …… 49
えびマヨサラダ ……………… 147
オニオングラタンスープ …… 163
オニオンドレッシング ……… 141
オムライス …………………… 154
かぼちゃのカレーコロッケ … 107
かぼちゃのポタージュ ……… 164
キムチ肉じゃが ……………… 69
牛丼 …………………………… 159
グリルチキンのホットサラダ … 147
コールスロー ………………… 143
コーンクリームスープ ……… 164
シーフードシチュー ………… 89
スープカレー ………………… 57
スパゲッティ ミートソース … 166
スペイン風オムレツ ………… 115

ポトフ ………………………… 112
ミネストローネ ……………… 163
野菜たっぷり回鍋肉 ………… 113
ロールキャベツ ……………… 58

● きゅうり
いかのマリネサラダ ………… 146
きゅうりとたこの酢の物 …… 139
グリーンサラダ ……………… 140
中華サラダ …………………… 145
ピクルス ……………………… 144
冷やし中華 …………………… 172
ポテトサラダ ………………… 142
ミックスサンド ……………… 178

● ゴーヤ
ゴーヤチャンプルー ………… 110

● ごぼう
きんぴらごぼう ……………… 135
けんちん汁 …………………… 162
五目炊き込みごはん ………… 156
筑前煮 ………………………… 130
ちらし寿司 …………………… 158
手羽先とごぼうと大豆の炒め煮 … 131
豆乳豚汁 ……………………… 73
豚汁 …………………………… 70

● 小松菜
小松菜と油揚げの煮びたし … 137

● 里いも
えのきだけと大根と里いものみそ汁 … 161

● さやいんげん
さやいんげんのごまみそあえ … 137
ミネストローネ ……………… 163

● さやえんどう
ちらし寿司 …………………… 158

● ししとう
天ぷら ………………………… 102

● じゃがいも
キムチ肉じゃが ……………… 69
グリルチキンのホットサラダ … 147
シーフードシチュー ………… 89
スープカレー ………………… 57
スペイン風オムレツ ………… 115
チキンカレー ………………… 54
チキンクリームシチュー …… 88
豆乳豚汁 ……………………… 73
豚汁 …………………………… 70
肉じゃが ……………………… 66
ポテトグラタン ……………… 77
ポテトコロッケ ……………… 106
ポテトサラダ ………………… 142
ミネストローネ ……………… 163

Index

- ●キウイフルーツ
- フルーツサンド ･･････････････ 181
- ●バナナ
- フルーツサンド ･･････････････ 181

野菜加工品

- ●梅干し
- おにぎり ･･･････････････････ 152
- ●コーンクリーム缶
- コーンクリームスープ ･･････････ 164
- ●トマト水煮缶
- スパゲッティ ミートソース ･･････ 166
- トマトロールキャベツ ･････････ 61
- ●白菜キムチ
- キムチ肉じゃが ･････････････ 69
- ●ホールコーン
- コールスロー ････････････････ 143

きのこ

- ●えのきだけ
- えのきだけと大根と里いものみそ汁 ･･ 161
- 肉豆腐 ･････････････････････ 124
- ●エリンギ
- スープカレー ････････････････ 57
- れんこんとエリンギのきんぴら ･･･ 135
- ●しいたけ
- 親子丼 ････････････････････ 159
- かに玉 ････････････････････ 117
- 五目炊き込みごはん ･･･････････ 156
- 五目チャーハン ･･･････････････ 157
- 酸辣湯 ･･･････････････････ 165
- すき焼き ････････････････････ 95
- 茶碗蒸し ･･････････････････ 116
- 天ぷら ････････････････････ 102
- 和風きのこソースのハンバーグ ･･･ 37
- ●しめじ
- えびのアヒージョ ････････････ 126
- とろとろオムライス デミグラスソース ･･ 155
- ポテトグラタン ･･･････････････ 77
- ●マッシュルーム
- スパゲッティ ミートソース ･･････ 166
- とろとろオムライス デミグラスソース ･･ 155
- マカロニグラタン ･････････････ 74

大豆製品

- ●油揚げ
- きつねうどん ･･･････････････ 174
- 小松菜と油揚げの煮びたし ･･････ 137
- 五目炊き込みごはん ･･････････ 156
- ちらし寿司 ････････････････ 158
- ひじきの炒め煮 ･･････････････ 133

- バーニャカウダ ･･･････････････ 126
- れんこんとエリンギのきんぴら ･･･ 135
- ●ピーマン
- あじの南蛮漬け ･････････････ 98
- エスニック風肉野菜炒め ･･･････ 49
- 五目チャーハン ･･･････････････ 157
- スペイン風オムレツ ･････････････ 115
- 青椒肉絲 ･････････････････ 92
- 肉野菜炒め ･･････････････････ 46
- 野菜たっぷり回鍋肉 ･･･････････ 113
- ●ブロッコリー
- えびマヨサラダ ･････････････ 147
- シーフードシチュー ･････････････ 89
- チキンクリームシチュー ･･･････ 88
- ●ベビーリーフ
- グリーンサラダ ･･･････････････ 140
- ●ほうれん草
- 彩ナムル ･･････････････････ 145
- ほうれん草と油揚げのみそ汁 ･･･ 161
- ほうれん草のおひたし ･･･････････ 136
- ●水菜
- 納豆ぶっかけそば ･･･････････ 176
- ●もやし
- 彩ナムル ･･････････････････ 145
- エスニック風焼きそば ･･････････ 171
- エスニック風肉野菜炒め ･･･････ 49
- かに玉 ････････････････････ 117
- ソース焼きそば ･･･････････････ 170
- 中華風チャンプルー ･･･････････ 111
- 肉野菜炒め ･･････････････････ 46
- ●ルッコラ
- アボカドサーモンサラダ ････････ 146
- ●レタス
- アボカドサーモンサラダ ････････ 146
- えびマヨサラダ ･････････････ 147
- グリーンサラダ ･･･････････････ 140
- 冷やし中華 ････････････････ 172
- ベーグルサンド ･･･････････････ 179
- ●れんこん
- けんちん汁 ････････････････ 162
- 筑前煮 ･･････････････････ 130
- ちらし寿司 ････････････････ 158
- れんこんとエリンギのきんぴら ･･･ 135

果物

- ●アボカド
- アボカドサーモンサラダ ････････ 146
- ベーグルサンド ･･･････････････ 179
- ワカモレ ･･････････････････ 127
- ●いちご
- フルーツサンド ･･････････････ 181

- 麻婆なす ･･････････････････ 108
- 野菜たっぷり回鍋肉 ･･･････････ 113
- わかめスープ ････････････････ 165
- ●なす
- 天ぷら ･･･････････････････ 102
- 麻婆なす ･･････････････････ 108
- 焼きなす ････････････････････ 139
- ●にら
- あさりとにらのみそ汁 ･･･････････ 161
- 中華風チャンプルー ･･･････････ 111
- トマト麻婆 ････････････････ 109
- 羽つき餃子 ･･････････････････ 42
- ●にんじん
- 彩ナムル ･･････････････････ 145
- エスニック風焼きそば ･･････････ 171
- エスニック風肉野菜炒め ･･･････ 49
- キムチ肉じゃが ･････････････ 69
- キャロットラペ ････････････････ 144
- 切り干し大根の煮物 ･･･････････ 134
- きんぴらごぼう ･････････････ 135
- けんちん汁 ････････････････ 162
- コールスロー ････････････････ 143
- 五目炊き込みごはん ･･･････････ 156
- 五目チャーハン ･･･････････････ 157
- シーフードシチュー ･････････････ 89
- 春菊とにんじんの白あえ ････････ 138
- スープカレー ････････････････ 57
- スパゲッティ ミートソース ･･････ 166
- ソース焼きそば ･･･････････････ 170
- チキンカレー ････････････････ 54
- チキンクリームシチュー ･･･････ 88
- 筑前煮 ･･････････････････ 130
- ちらし寿司 ････････････････ 158
- 豆乳豚汁 ･･････････････････ 73
- 豚汁 ･････････････････････ 70
- 肉じゃが ･･････････････････ 66
- 肉野菜炒め ･･････････････････ 46
- ピクルス ･･････････････････ 144
- ひじきの炒め煮 ･･････････････ 133
- ポテトサラダ ････････････････ 142
- ポトフ ････････････････････ 112
- ミネストローネ ･････････････ 163
- ●白菜
- すき焼き ････････････････････ 95
- 羽つき餃子 ･･････････････････ 42
- ●バジル
- トマトチーズホットサンド ･･････ 180
- ●パプリカ
- グリルチキンのホットサラダ ･････ 147
- スープカレー ････････････････ 57

材料別さくいん

スクランブルエッグ …………… 120
スパゲッティ カルボナーラ …… 169
スペイン風オムレツ …………… 115
だし巻き卵 ……………………… 78
たらことねぎの卵焼き ………… 81
チーズとのりの卵焼き ………… 81
茶碗蒸し ………………………… 116
中華サラダ ……………………… 145
ちらし寿司 ……………………… 158
とろとろオムライス デミグラスソース‥ 155
煮卵 ……………………………… 121
パンケーキ ……………………… 183
冷やし中華 ……………………… 172
フレンチトースト ……………… 182
ポテトサラダ …………………… 142
ミートパイ ……………………… 167
ミックスサンド ………………… 178
目玉焼き ………………………… 119
ゆで卵 …………………………… 118

その他

●切り干し大根
切り干し大根の煮物 …………… 134
●こんにゃく
けんちん汁 ……………………… 162
五目炊き込みごはん …………… 156
春菊とにんじんの白あえ ……… 138
筑前煮 …………………………… 130
豆乳豚汁 ………………………… 73
豚汁 ……………………………… 70
●しらたき
牛丼 ……………………………… 159
すき焼き ………………………… 95
肉じゃが ………………………… 66
●のり
おにぎり ………………………… 152
チーズとのりの卵焼き ………… 81
●春雨
酸辣湯 …………………………… 165
中華サラダ ……………………… 145
●ひじき
ひじきの炒め煮 ………………… 133
●干ししいたけ
筑前煮 …………………………… 130
ちらし寿司 ……………………… 158
●わかめ
きゅうりとたこの酢の物 ……… 139
豆腐とわかめのみそ汁 ………… 160
わかめスープ …………………… 165

穀類

●餃子の皮
合いびき肉とセロリの餃子 …… 45
えびと春菊の餃子 ……………… 45
羽つき餃子 ……………………… 42
●米
おかゆ（全がゆ） ……………… 151
おにぎり ………………………… 152
オムライス ……………………… 154
親子丼 …………………………… 159
牛丼 ……………………………… 159
五目炊き込みごはん …………… 156
五目チャーハン ………………… 157
チキンカレー …………………… 54
ちらし寿司 ……………………… 158
とろとろオムライス デミグラスソース‥ 155
鍋炊きごはん …………………… 150
●パイシート
ミートパイ ……………………… 167
●パスタ
スパゲッティ カルボナーラ …… 169
スパゲッティ ボンゴレ ………… 168
スパゲッティ ミートソース …… 166
マカロニグラタン ……………… 74
●パン
オニオングラタンスープ ……… 163
トマトチーズホットサンド …… 180
フルーツサンド ………………… 181
フレンチトースト ……………… 182
ベーグルサンド ………………… 179
ミックスサンド ………………… 178
●麺類
エスニック風焼きそば ………… 171
カレーうどん …………………… 175
きつねうどん …………………… 174
ソース焼きそば ………………… 170
担担麺 …………………………… 173
鶏南蛮 …………………………… 177
納豆ぶっかけそば ……………… 176
冷やし中華 ……………………… 172

卵

えびマヨサラダ ………………… 147
オムライス ……………………… 154
オムレツ ………………………… 114
親子丼 …………………………… 159
温泉卵 …………………………… 121
かき玉汁 ………………………… 162
かに玉 …………………………… 117
関東風卵焼き …………………… 81
酸辣湯 …………………………… 165

ほうれん草と油揚げのみそ汁 … 161
●大豆
手羽先とごぼうと大豆の炒め煮‥ 131
●豆乳
豆乳豚汁 ………………………… 73
●豆腐
ゴーヤチャンプルー …………… 110
塩麻婆豆腐 ……………………… 123
春菊とにんじんの白あえ ……… 138
すき焼き ………………………… 95
中華風チャンプルー …………… 111
豆腐とわかめのみそ汁 ………… 160
豆腐ハンバーグ ………………… 125
豚汁 ……………………………… 70
肉豆腐 …………………………… 124
麻婆豆腐 ………………………… 122
●納豆
納豆ぶっかけそば ……………… 176

乳製品

●牛乳
オムレツ ………………………… 114
かぼちゃのポタージュ ………… 164
コーンクリームスープ ………… 164
シーフードシチュー …………… 89
スクランブルエッグ …………… 120
チキンクリームシチュー ……… 88
とろとろオムライス デミグラスソース‥ 155
ポテトグラタン ………………… 77
パンケーキ ……………………… 183
フレンチトースト ……………… 182
マカロニグラタン ……………… 74
●チーズ
オニオングラタンスープ ……… 163
チーズおかか（おにぎりの具）‥ 153
チーズとのりの卵焼き ………… 81
トマトチーズホットサンド …… 180
ベーグルサンド ………………… 179
ポテトグラタン ………………… 77
マカロニグラタン ……………… 74
ミックスサンド ………………… 178
●生クリーム
スパゲッティ カルボナーラ …… 169
フルーツサンド ………………… 181
●ヨーグルト
えびマヨサラダ ………………… 147
シーザードレッシング ………… 141
スープカレー …………………… 57
チキンカレー …………………… 54
パンケーキ ……………………… 183
ポテトサラダ …………………… 142

207

岩﨑 啓子
いわさき けいこ

料理研究家、管理栄養士。
聖徳栄養短期大学を卒業後、同大学研究室助手、料理研究家のアシスタントなどを経て独立。保健所での栄養指導の経験も活かしながら、栄養バランスを考えた、簡単でおいしい家庭料理を提案している。
著書に、『たっぷり作ってずっとおいしい！ 野菜おかず 作りおき』『おうちで、できたて！ デパ地下サラダ―人気総菜店を徹底的に研究！』（ともに新星出版社）『365日カラダに効く スムージー＆ポタージュ』（日本文芸社）『「ぺた・ばら・ぴち」3つのテクだけでOK！ 冷凍保存の便利帳』（アスコム）など多数。

Profile

デザイン	佐々木 恵実、門川 純子（ダグハウス）
撮影	渡辺 七奈
スタイリング	栗田 美香
調理アシスタント	上田 浩子、近藤 浩美
編集協力	高津 杏子、村山 千春（食のスタジオ）、根岸 絹恵、吉田 恵理子、小谷 祐子
栄養計算	矢島 南弥子
イラスト	macco
校正	聚珍社
編集担当	遠藤 やよい（ナツメ出版企画）
撮影協力	UTUWA

ナツメ社Webサイト
http://www.natsume.co.jp
書籍の最新情報（正誤情報を含む）はナツメ社Webサイトをご覧ください。

また作って！と言われる きほんの料理

2016年　5月9日　初版発行
2020年　7月10日　第6刷発行

著　者　岩﨑 啓子 ©Iwasaki Keiko,2016
発行者　田村正隆

発行所
株式会社ナツメ社
東京都千代田区神田神保町1-52 ナツメ社ビル1F（〒101-0051）
電話　03（3291）1257（代表）　FAX　03（3291）5761
振替　00130-1-58661

制　作
ナツメ出版企画株式会社
東京都千代田区神田神保町1-52 ナツメ社ビル3F（〒101-0051）
電話　03（3295）3921（代表）

印刷所
図書印刷株式会社

ISBN978-4-8163-6020-6
Printed in Japan

> 本書に関するお問い合わせは、上記、ナツメ出版企画株式会社までお願いいたします。

〈 定価はカバーに表示してあります。〉
〈 乱丁・落丁本はお取り替えします。〉
本書の一部または全部を著作権法で定められている範囲を超え、ナツメ出版企画株式会社に無断で複写、複製、転載、データファイル化することを禁じます。